新三板
挂牌实务手册

姜一飞　李亚楠 ◎ 编著

XINSANBAN
GUAPAI SHIWU SHOUCE

暨南大学出版社
JINAN UNIVERSITY PRESS

中国·广州

图书在版编目（CIP）数据

新三板挂牌实务手册/姜一飞，李亚楠编著 .—广州：暨南大学出版社，2017.11

ISBN 978 - 7 - 5668 - 2259 - 8

Ⅰ.①新…　Ⅱ.①姜…②李…　Ⅲ.①中小企业—企业融资—中国—手册　Ⅳ.①F279.243 - 62

中国版本图书馆 CIP 数据核字（2017）第 282570 号

新三板挂牌实务手册

XINSANBAN GUAPAI SHIWU SHOUCE

编著者：姜一飞　李亚楠

- -

出 版 人：徐义雄
责任编辑：武艳飞　王海霞
责任校对：刘雨婷
责任印制：汤慧君　周一丹

出版发行：暨南大学出版社（510630）
电　　话：总编室（8620）85221601
　　　　　营销部（8620）85225284　85228291　85228292（邮购）
传　　真：（8620）85221583（办公室）　85223774（营销部）
网　　址：http://www.jnupress.com
排　　版：广州市天河星辰文化发展部照排中心
印　　刷：深圳市新联美术印刷有限公司
开　　本：787mm×1092mm　1/16
印　　张：11.5
字　　数：230 千
版　　次：2017 年 11 月第 1 版
印　　次：2017 年 11 月第 1 次
定　　价：38.00 元

序

从 2013 年 12 月 31 日股转系统面向全国接收企业挂牌申请到现在，全国中小企业股份转让系统，俗称新三板，已经如火如荼地发展了三年多，全国股转系统是继沪市和深市之后的第三个全国性交易所，承载着多层次资本市场构建中的重要角色。新三板市场的设立极大地拓宽了资本市场的服务范围，将资本市场的服务范围从原有的中大型企业扩大到中小型企业，尤其是迅速成长的高科技中小型企业，有利于促进我国市场层次结构的不断完善，有利于扩大层次市场的服务范围，也有利于克服金融服务实体的薄弱环节。

但是，扩容后的新三板市场发展历程较短，市场核心机制整体处在初步发展阶段，同时，这是一个以备案制为核心的市场体系，还存在很多新的问题，如暴涨暴跌、交易量低等，为了解决这些问题，在近三年的时间里，证监会先后推出了优先股、新三板扩容、新三板转板试点、新三板注册制等多项举措。相信随着监管部门不断加强监管、强化信息披露、投资门槛不断下降，这些问题都可以得到解决。

对于新三板，我们有着更多的期待，无论从哪个角度来看，新三板的前途都是不可估量的。有人说新三板代表着中国资本市场的未来，如果新三板能够把各种问题逐步解决，扎扎实实走好未来的每一步，对改变中国资本市场生态会有建设性的作用，同时也会为中小型企业的发展提供更多的助力。

本书着重于新三板挂牌法律服务中的实务操作，本书再现了整个新三板法律服务的具体过程，本书最大的特色是实务性很强，在结合新三板法律法规的同时融入新三板法律服务过程中所使用的规范文本，使读者能以最快的速度最直观地了解和应用新三板的实务操作。

唐伟良

尚志教育集团董事长

2017 年 8 月 8 日

关于本书文献引用的说明

1. 本书引用的法条和规定均来自《中华人民共和国公司法》《中华人民共和国证券法》以及全国中小企业股份转让系统公示的规范性文件，根据有关法律规定，引用法律、政府文件不属于侵权行为。

2. 对引用的文件及法律内容，在开头已经注明引用的法条，后文没有再加以注释。

3. 本书是包含法条、规范的编撰书籍，并非研究性的书籍，所以也没有引用其他论文、书刊的内容。

4. 本书所引用内容在全国中小企业股份转让系统网站皆有公示，因此无须标注出处。

5. 本书中引用的规范性文件皆出于此。

挂牌业务类

- 《首次公开发行股票并上市管理办法》2016 年 05 月 17 日
- 《全国中小企业股份转让系统业务规则（试行）》2013 年 12 月 30 日
- 《首次公开发行股票并在创业板上市管理暂行办法》2015 年 11 月 06 日
- 《关于规范证券公司参与区域性股权交易市场的指导意见（试行）》2014 年 02 月 20 日
- 《国务院关于清理整顿各类交易场所切实防范金融风险的决定》2011 年 11 月 11 日
- 《关于全国中小企业股份转让系统有限责任公司有关收费事宜的通知》2013 年 02 月 08 日
- 《全国中小企业股份转让系统申请材料接收须知》2013 年 03 月 20 日
- 《全国中小企业股份转让系统股票挂牌业务操作指南（试行）》2017 年 06 月 19 日
- 《中国结算北京分公司证券发行人业务指南》2014 年 04 月
- 《全国中小企业股份转让系统股票发行业务指南》2013 年 04 月 25 日
- 《全国中小企业股份转让系统公开转让说明书信息披露指引第 1 号—证券公司（试行）》2016 年 09 月 05 日
- 《全国中小企业股份转让系统公开转让说明书信息披露指引第 2 号—私募

基金管理机构（试行）》2016 年 09 月 05 日

- 《全国中小企业股份转让系统公开转让说明书信息披露指引第 3 号—期货公司（试行）》2016 年 09 月 05 日
- 《全国中小企业股份转让系统公开转让说明书信息披露指引第 4 号—保险公司及保险中介（试行）》2016 年 09 月 05 日
- 《全国中小企业股份转让系统公开转让说明书信息披露指引第 5 号—商业银行（试行）》2016 年 09 月 05 日
- 《全国中小企业股份转让系统公开转让说明书信息披露指引第 6 号—非银行支付机构（试行）》2016 年 09 月 05 日
- 《全国中小企业股份转让系统主办券商内核工作指引（试行）》2016 年 06 月 08 日
- 《全国中小企业股份转让系统公开转让说明书内容与格式指引（试行）》2013 年 12 月 30 日
- 《全国中小企业股份转让系统挂牌申请文件内容与格式指引（试行）》2013 年 12 月 30 日
- 《股份公司申请在全国中小企业股份转让系统公开转让、股票发行的审查工作流程》2013 年 03 月 19 日
- 《非上市公众公司信息披露和格式准则第 4 号——定向发行申请文件》2013 年 12 月 26 日
- 《关于做好申请材料接收工作有关注意事项的通知》2013 年 06 月 17 日
- 《挂牌公司股票发行审查要点》2017 年 10 月 17 日
- 《非上市公司重大资产重组管理办法》2014 年 06 月 23 日
- 《全国中小企业股份转让系统挂牌公司暂停与恢复转让业务指南（试行）》2015 年 11 月 27 日
- 《全国中小企业股份转让系统股票挂牌条件适用基本标准指引（试行）》2013 年 06 月 20 日
- 《全国中小企业股份转让系统主办券商推荐业务规定（试行）》2013 年 02 月 08 日
- 《全国中小企业股份转让系统主办券商尽职调查工作指引（试行）》2013 年 02 月 08 日
- 《全国中小企业股份转让系统重大资产重组业务指南第 1 号：非上市公众公司重大资产重组内幕信息知情人报备指南》2014 年 07 月 25 日
- 《全国中小企业股份转让系统重大资产重组业务指南第 2 号：非上市公众公司发行股份购买资产构成重大资产重组文件报送指南》2014 年 07 月 25 日
- 《非上市公众公司收购管理办法》2015 年 12 月 14 日
- 《非上市公众公司信息披露内容与格式准则第 5 号——权益变动报告书、

收购报告书和要约收购报告书》2014 年 06 月 23 日

- 《全国中小企业股份转让系统挂牌公司分层管理办法（试行）》2016 年 05 月 27 日

公司业务类

- 《关于发布〈全国中小企业股份转让系统挂牌公司董事会秘书任职及资格管理办法（试行）〉的公告》2016 年 09 月 08 日
- 《全国中小企业转让系统优先股业务指引（试行）》2015 年 09 月 22 日
- 《全国中小企业股份转让系统非上市公众公司重大资产重组业务指引（试行）》2014 年 07 月 25 日
- 《全国中小企业股份转让系统股票发行业务细则（试行）》2013 年 12 月 30 日
- 《全国中小企业股份转让系统股票发行业务指引第 1 号——备案文件的内容与格式（试行）》2013 年 12 月 30 日
- 《全国中小企业股份转让系统股票发行业务指引第 2 号——股票发行方案及发行情况报告书的内容与格式（试行）》2013 年 12 月 30 日
- 《全国中小企业股份转让系统股票发行业务指引第 3 号——主办券商关于股票发行合法合规性意见的内容与格式（试行）》2013 年 12 月 30 日
- 《全国中小企业股份转让系统股票发行业务指引第 4 号——法律意见书的内容与格式（试行）》2013 年 12 月 30 日
- 《全国中小企业股份转让系统挂牌公司半年度报告内容与格式指引（试行）》2013 年 07 月 11 日
- 《全国中小企业股份转让系统挂牌公司信息披露细则（试行）》2013 年 02 月 08 日
- 《全国中小企业股份转让系统挂牌公司年度报告内容与格式指引（试行）》2013 年 02 月 08 日

交易监察类

- 《全国中小企业股份转让系统转让意向平台管理规定（试行）》2016 年 03 月 17 日
- 《全国中小企业股份转让系统转让异常情况处理办法（试行）》2015 年 01 月 07 日
- 《全国中小企业股份转让系统股票转让方式确定及变更指引（试行）》2014 年 07 月 17 日
- 《关于规范发展区域性股权市场的通知》2017 年 01 月 20 日
- 《国务院关于全国中小企业股份转让系统有关问题的决定》2014 年 10 月 27 日
- 《非上市公众公司监督管理办法》2013 年 12 月 26 日

- 《非上市公众公司监管问答——定向发行（二）》2015 年 11 月 24 日
- 《挂牌公司股票发行常见问题解答（二）——连续发行》2015 年 10 月 30 日
- 《挂牌公司股票发行常见问题解答（三）——募集资金管理、认购协议中特殊条款、特殊类型挂牌公司融资》2016 年 08 月 08 日
- 《全国中小企业股份转让系统股票异常转让实时监控指引》2014 年 06 月 09 日
- 《全国中小企业股份转让系统交易单元管理办法（试行）》2014 年 04 月 28 日
- 《全国中小企业股份转让系统股票转让细则（试行）》2013 年 12 月 30 日
- 《全国中小企业股份转让系统证券代码、证券简称编制管理暂行办法》2013 年 12 月 30 日
- 《关于发布全国中小企业股份转让系统过渡期交易结算暂行办法的通知》2013 年 02 月 08 日
- 《关于对失信主体实施联合惩戒措施的监管问答》2016 年 12 月 30 日
- 《非上市公众公司监管指引第 2 号——申请文件》2013 年 01 月 04 日

机构业务类

- 《关于发布新修订的〈主办券商执业质量负面行为清单〉的公告》2017 年 07 月 14 日
- 《全国中小企业股份转让系统主办券商执业质量评价办法（试行）》2016 年 01 月 29 日
- 《全国中小企业股份转让系统主办券商持续督导工作指引（试行）》2014 年 10 月 09 日
- 《全国中小企业股份转让系统做市商做市业务管理规定（试行）》2014 年 06 月 05 日
- 《全国中小企业股份转让系统主办券商管理细则（试行）》2013 年 02 月 08 日

投资者服务类

- 《全国中小企业股份转让系统投资者适当性管理细则（试行）》2013 年 12 月 30 日

登记结算类

- 参考中国证券登记结算有限公司网站

目 录
CONTENTS

第一章 什么是新三板

关于新三板，很多人将其与主板、创业板搞混，认为企业在新三板挂牌就会像上市公司一样，成为可以在证券交易所卖出股票的全国性公司，实际上这是一个错误的理解。新三板的正式名称为全国中小企业股份转让系统（以下简称"全国股转系统"），是由国务院批准、依据《中华人民共和国证券法》（以下简称《证券法》）设立的全国性证券交易场所；它的服务对象与主板、创业板的企业不同，主要是中小企业；它提供交易平台，为非上市公众公司提供股份的转让及融资的业务，提供证券交易的技术系统和设施，并为机构投资者和有资格的投资者提供投资的平台。目前，全国股转系统是继上海证券交易所（以下简称"上交所"）、深圳证券交易所（以下简称"深交所"）之后的第三家全国性证券交易场所，所以也有人称其为"北交所"。全国中小企业股份转让系统有限责任公司（以下简称"全国股转系统公司"）是其运营机构，于 2012 年 9 月 20 日在国家工商总局注册，2013 年 1 月 16 日正式揭牌运营，注册资本 30 亿元，注册地在北京，地址是北京市西城区金融大街丁 26 号。

虽然在新三板挂牌的公司未在证券交易所上市，但其股票却可以公开转让，因此新三版挂牌公司有了新的专属名称——"非上市公众公司"或"公众公司"。

第一节 新三板与其他证券市场的区别

新三板的市场定位是为非上市公司提供股权交易平台，因此在功能、服务对象等方面与主板市场、中小板市场、创业板市场等都有一定的区别。

一、新三板与主板市场的区别

1. 服务对象不同

在主板市场上市的股份公司大多是成熟的大型股份公司，其中许多属于国家的支柱产业，被形容成是"大"与"强"相结合的公司，它们的经营和发展直接影响到国家经济的正常运行，所以被称为国民经济的晴雨表。主板市场对申请股票上市的公司限制条件很严格，如《证券法》第五十条规定股份有限公司申请股票上市，应当符合下列条件：

（1）股票经国务院证券监督管理机构核准已公开发行。

（2）公司股本总额不少于人民币3 000万元。

（3）公开发行的股份达到公司股份总数的25%以上；公司股本总额超过人民币4亿元的，公开发行股份的比例为10%以上。

（4）公司最近三年无重大违法行为，财务会计报告无虚假记载。

证券交易所可以规定高于前款规定的上市条件，并报国务院证券监督管理机构批准。

而在新三板上市的企业，一般都是中小型公司。这类公司虽然规模普遍较小，营业收入也不是很高，但是它们创新性强、科技含量高、拥有成熟的盈利模式和广阔的发展前景，是"小"而"新"的结合。新三板重点关注高新技术产业、现代服务业、高端装备制造业等行业。

2. 挂牌条件不同

股份公司申请在主板市场上市的条件十分严格，如《首次公开发行股票并上市管理办法》第三十三条规定：发行人最近三个会计年度净利润均为正数且累计超过人民币3 000万元；最近三个会计年度经营活动产生的现金流量净额累计超过人民币5 000万元，或者最近三个会计年度营业收入累计超过人民币3亿元；发行前股本总额不少于人民币3 000万元；最近一期末无形资产（扣除土地使用权等）占净资产的比例不超过20%。

而新三板由于其服务对象的特殊性，故在挂牌准入、发行融资、交易结算、并购重组和投资者准入方面规定的条件相应要宽松得多。如《全国中小企业股份转让系统业务规则（试行）》（以下简称《业务规则》）第2.1条规定：股份有限公司申请股票在全国股转系统挂牌，不受股东所有制性质的限制，不限于高新技术企业，应当符合下列条件：

（1）依法设立且存续满两年。有限责任公司按原账面净资产值折股整体变更为股份有限公司的，存续时间可以从有限责任公司成立之日起计算；

（2）业务明确，具有持续经营能力；

（3）公司治理机制健全，合法规范经营；

（4）股权明晰，股票发行和转让行为合法合规；

（5）主办券商推荐并持续督导；

（6）全国股转系统公司要求的其他条件。

3. 交易权限不同

新三板对投资者的资格要求比较高，有权在新三板购买股票的投资者共有三类：第一类是机构投资者，如《全国中小企业股份转让系统投资者适当性管理细则（试行）》（以下简称《管理细则》）第三条规定下列机构投资者可以申请参与挂牌公司股票公开转让：①注册资本500万元人民币以上的法人机构。②实缴出资总额500万元人民币以上的合伙企业。第二类是基金投资者，如《管理细则》第四条规定：集合信托计划、证券投资基金、银行理财产品、证券公司资产管理计划，以及由金融机构或者相关监管部门认可的其他机构管理的金融产品或资产，可以申请参与挂牌公司股票公开转让。第三类是有资质的自然人投资者，如《管理细则》第五条规定同时符合下列条件的自然人投资者可以申请参与挂牌公司股票公开转让：①投资者本人名下前一交易日日终证券类资产市值500万元人民币以上。证券类资产包括客户交易结算资金、上交所、深交所的股票、基金、债券、券商集合理财产品等，信用证券账户资产除外。②具有两年以上证券投资经验，或具有会计、金融、投资、财经等相关专业背景或培训经历。

　　而主板市场对投资者没有限制，任何人只要在证券公司注册，都可以进行上市公司股票的买卖。

二、新三板与中小板市场的区别

1. 服务对象不同

　　在中小板市场上市的公司一般都是中型公司，这些公司虽然规模不如主板市场上市公司，不符合在主板市场上市的条件，但比在新三板挂牌的公司规模大，它们大多是在各自行业中处于领先地位的中型公司，具有高成长、高收益的特点。

2. 准入门槛不同

　　企业申请在中小公司板发行股票与申请在主板上市的基本条件一致，《首次公开发行股票并上市管理办法》第三十三条对企业盈利方面规定了要求，如最近的三个会计年度净利润均为正数且累计超过人民币3 000万元，最近的三个会计年度经营活动产生的现金流量净额累计超过人民币5 000万元，或者最近的三个会计年度营业收入累计超过人民币3亿元。对资产比例的要求为最近一期末无形资产占净资产的比例不高于20%，最近一期末不存在未弥补亏损。与之相比，新三板则无上述要求。

3. 功能定位不同

　　中小板市场是主板市场的组成部分，附属于深交所，中小板市场与主板市场在审核程序、发行流程等方面基本相似。

　　新三板即全国股转系统，是新设立的全国性证券交易场所，它的业务规则、审批程序、股票发行的流程等都不同于中小板市场。

三、新三板与创业板市场的区别

1. 服务对象不同

在创业板市场上市的公司是中小型的高新公司，这些公司虽然成立的时间不长，规模不如主板市场上市公司，但大都有核心技术，有较大的市场成长空间。而在新三板挂牌的企业大多是中小公司，涉及教育、医疗、食品等各个领域，没有核心技术和创新能力的要求。

2. 准入门槛不同

申请在创业板市场公开发行股票并上市的企业，需要满足相对严格的条件，《首次公开发行股票并在创业板上市管理暂行办法》第十条规定了发行人申请首次公开发行股票应当符合下列条件：

（1）发行人是依法设立且持续经营三年以上的股份有限公司。

有限责任公司按原账面净资产值折股整体变更为股份有限公司的，持续经营时间可以从有限责任公司成立之日起计算。

（2）最近两年连续盈利，最近两年净利润累计不少于1 000万元，且持续增长；或者最近一年盈利，且净利润不少于500万元，最近一年营业收入不少于5 000万元，最近两年营业收入增长率均不低于30%。净利润以扣除非经常性损益前后孰低者为计算依据。

（3）最近一期末净资产不少于2 000万元，且不存在未弥补亏损。

（4）发行后股本总额不少于3 000万元。

而新三板的准入门槛则相对低得多。

3. 功能定位不同

创业板市场不属于主板市场，在创业板市场上市的公司，一般是不太符合在主板市场上市的要求，但又具有很大可预期性的公司。现在的创业板特指深圳创业板，它属于场内交易市场。而新三板是场外交易市场，在新三板挂牌的公司未在证券交易所上市但其股票可以公开转让，为非上市股份公司股票公开转让和发行融资提供市场平台。

四、新三板与区域性股权交易市场的区别

1. 功能定位不同

区域性股权交易市场也就是俗称的四板市场，是由地方政府批准和监管，为特定区域内的企业提供股权、债券的转让和融资服务的私募市场。它的特点是信用等级比较低，投资的风险比较大，它的规则由各地的地方政府制定，容易受到

地方行政力量的控制和干扰，所以金融监管难度比较大。区域性股权交易市场现在全国有四十余家，每省至少设立一家区域股权交易中心，这些交易中心属于省级国有的金融公司。

而全国中小企业股份转让系统，也就是新三板，则是由国务院批准、依据《证券法》设立的全国性证券交易场所，是继上交所、深交所之后第三家全国性证券交易场所。

2. 股东人数不同

在新三板挂牌的公司股东既可以突破200人，也可以不超过200人，在股东的人数上有较大的灵活性。

而区域性股权交易市场，根据《关于规范证券公司参与区域性股权交易市场的指导意见（试行）》第二条规定：区域性市场是为市场所在地省级行政区域内的企业特别是中小微企业提供股权、债券的转让和融资服务的私募市场，接受省级人民政府监管。这些企业没有限制必须是股份有限公司，但这些公司股东的人数不得超过200人。

3. 交易方式不同

新三板可以采取协议、做市商、集中竞价三种交易方式。

而区域性股权交易市场只能采用协议方式，根据《国务院关于清理整顿各类交易场所切实防范金融风险的决定》第三条规定：自本决定下发之日起除依法设立的证券交易所或国务院批准的从事金融产品交易的交易场所外，任何交易场所均不得将任何权益拆分为均等份额公开发行，不得采取集中竞价、做市商等集中交易方式进行交易。

4. 所处层次不同

区域性股权交易市场处于多层次资本市场的底层，经所在地省级人民政府批准设立。根据国务院《关于规范发展区域性股权市场的通知》的规定：区域性股权市场是主要服务于所在省级行政区域内中小微企业的私募股权市场，是多层次资本市场体系的重要组成部分，是地方人民政府扶持中小微企业政策措施的综合运用平台。因而其市场准入门槛比新三板的更低，审核周期更短，费用更少。

而新三板则处在多层次资本市场的顶层，是全国性证券交易场所，根据《国务院关于全国中小企业股份转让系统有关问题的决定》，其定义为：全国股转系统是经国务院批准，依据《证券法》设立的全国性证券交易场所，主要为创新型、创业型、成长型中小公司发展服务。境内符合条件的股份公司均可通过主办券商申请在全国股转系统挂牌，公开转让股份，进行股权融资、债权融资、资产重组等。

第二节　新三板的特点及意义

　　新三板的主要服务对象是中小公司。它为在新三板挂牌的公司提供融资的渠道，同时也为一些有资格的投资者，特别是风险投资者提供一个发展前景广阔、投资回报率更高的平台。因此，新三板的主要功能不同于主板市场、创业板市场的功能，具有特殊的特点和规则。

一、新三板的业务特点

1. 投资者准入门槛高

　　新三板对申请挂牌的企业所设置的条件不高，但对投资者的限制条件较为严格，《管理细则》第三条规定下列机构投资者可以申请参与挂牌公司股票公开转让：①注册资本500万元人民币以上的法人机构。②实缴出资总额500万元人民币以上的合伙企业。《管理细则》第四条规定：集合信托计划、证券投资基金、银行理财产品、证券公司资产管理计划，以及由金融机构或者相关监管部门认可的其他机构管理的金融产品或资产，可以申请参与挂牌公司股票公开转让。《管理细则》第五条还规定下列机构投资者也可以申请参与挂牌公司股票公开转让：①投资者本人名下前一交易日日终证券类资产市值300万元人民币以上。证券类资产包括客户交易结算资金、股票、基金、债券、券商集合理财产品等，信用证券账户资产除外。②具有两年以上证券投资经验，或具有会计、金融、投资、财经等相关专业背景或培训经历。之所以出现上述规定，原因在于在新三板上挂牌进行股票转让的企业大多数是中小型公司，很多公司在挂牌前公司治理结构以及财务制度并不健全，特别是很多的企业是家族式的企业，比如丈夫是董事长、妻子是总经理、儿子是高级管理人员、女儿是财务总监的公司管理架构，这种类型公司的财务信息、经营情况等很难为广大的中小投资者所掌握，增加了投资者的投资风险；而作为机构投资者、基金投资者和资深自然人投资者，他们拥有丰富的投资经验并掌握对拟投资公司严谨的调查程序。所以，新三板为了保护投资者的利益，对投资者设立了较高的门槛。

2. 交易方式多样性

　　新三板股票的转让方式可以是做市商、协议、竞价等方式，为挂牌公司顺利转让股份提供了有效的途径，如《业务规则》第3.1.2条规定：股票转让可以采取协议方式、做市方式、竞价方式或其他中国证监会批准的转让方式。经全国股转系统公司同意，挂牌股票可以转换转让方式。《业务规则》第3.1.3条规定：

挂牌股票采取协议转让方式的，全国股转系统公司同时提供集合竞价转让安排。《业务规则》第3.1.4条规定：挂牌股票采取做市转让方式的，须有2家以上从事做市业务的主办券商（以下简称"做市商"）为其提供做市报价服务。做市商应当在全国股转系统持续发布买卖双向报价，并在报价价位和数量范围内履行与投资者的成交义务。做市转让方式下，投资者之间不能成交。全国股转系统公司另有规定的除外。

从这几项规定可以看出，新三板股票的转让方式比较灵活，既可以协商，也可以竞价，有助于企业和投资者直接对接，通过"路演"等形式，将自己公司的股票尽快转让出去而融得所需要的资金。而与之相对的是，主板市场、中小板市场、创业板市场的交易方式主要是竞价交易。

3. 股票转让的限制较少

《业务规则》第2.8条规定：挂牌公司控股股东及实际控制人在挂牌前直接或间接持有的股票分三批解除转让限制，每批解除转让限制的数量均为其挂牌前所持股票的三分之一，解除转让限制的时间分别为挂牌之日、挂牌期满一年和两年。挂牌前12个月以内控股股东及实际控制人直接或间接持有的股票进行过转让的，该股票的管理按照前款规定执行，主办券商为开展做市业务取得的做市初始库存股票除外。因司法裁决、继承等原因导致有限售期的股票持有人发生变更的，后续持有人应继续执行股票限售规定。股票解除转让限制，应由挂牌公司向主办券商提出，由主办券商报全国股转系统公司备案。全国股转系统公司备案确认后，通知中国证券登记结算有限责任公司办理解除限售登记。

从这条规定可以看出，新三板对于挂牌公司的股东和实际控制人所持有股票的转让限制比规模较小，并且新三板股票转让不设涨跌幅限制。而在主板市场、中小板市场、创业板市场上市的公司，发行人公开发行股票前已发行的股份，自股票上市之日起一年内不得转让。控股股东和实际控制人所持有的股票自上市之日起36个月内不得转让。股票在证券交易所交易，设有涨跌幅的限制。

4. 信息披露为适度披露原则

新三板对信息披露的有关要求，比证监会对主板市场上市公司的信息披露要求要宽松得多，这主要是考虑到中小公司人员较少，很多时候很难安排专人负责有关信息披露的事项，而且中小公司经营业务比较单一，也没必要事事进行信息披露。所以在强调真实性和透明度的基础上，降低企业信息披露成本，实施适度信息披露原则，明确规定全国股转系统对已披露的信息进行事后审查。《全国中小企业股份转让系统挂牌公司信息披露细则（试行）》（以下简称《信息披露细则》）第十一条规定：挂牌公司应当披露的定期报告包括年度报告、半年度报告，可以披露季度报告。挂牌公司应当在本细则规定的期限内，按照全国股份转让系统公司有关规定编制并披露定期报告。挂牌公司应当在每个会计年度结束之日起四个月内编制并披露年度报告，在每个会计年度的上半年结束之日起两个月内披露半年度报告；披露季度报告的，公司应当在每个会计年度前三个月、九个月结束后的一个月内披露季度报告。披露季度报告的，第一季度报告的披露时间不得早于上一年的年度报告。《信息披露细则》第二十一条规定：临时报告是指挂牌公司按照法律法规和全国股份转让系统公司有关规定发布的除定期报告以外的公告。《信息披露细则》第二十二条对进行临时报告的条件进行了规定：挂牌公司应当在临时报告所涉及的重大事件最先触及下列任一时点后及时履行首次披露义务：①董事会或者监事会作出决议时。②签署意向书或者协议（无论是否附加条件或者期限）时。③公司（含任一董事、监事或者高级管理人员）知悉或者理应知悉重大事件发生时。

从上面的规定可以看出，由于新三板投资者的规模限制使新三板挂牌公司的股票流动性处于较低水平，并且该挂牌公司多属于中小型公司，所以实施适度信息披露，能有效降低其信息披露成本。但我们也应当认识到，股份公司选择在新三板挂牌，其目的是为了融资，如果没有合适的信息披露，将很难吸引到投资者。

二、在新三板挂牌对中小公司发展的意义

1. 为中小公司提供有效融资渠道

对于中小公司来说，融资难一直是普遍存在的问题。中小公司缺乏合适的质押物以及规范的风险控制制度，从而导致其信用风险过高，难以获得银行贷款的支持；而企业挂牌后可通过定向增发、股权质押贷款或发行中小企业私募债等形式获得资金，解决了中小公司在发展中遇到的资金瓶颈问题。

2. 增强公司股份的流动性

公司在新三板挂牌后，挂牌公司股份可以通过定向发行等形式进行转让，通过公司股份走上市场，经过投资者评估购买，从而使整个公司的市值得到展现，也增加了公司股东们的财富。为了增强挂牌公司股票的流动性，新三板对挂牌公司股份的限售条件也比在主板上市公司宽松得多，如《业务规则》规定：发起人持有的本公司股份，自股份公司成立之日起一年内不得转让；挂牌公司控股股东及实际控制人在挂牌前直接或间接持有的股票分三批解除转让限制，每批解除转让限制的数量均为其挂牌前所持股票的三分之一，解除转让限制的时间分别为挂牌之日、挂牌期满一年和两年；公司董事、监事、高级管理人员在任职期间每年转让的股份不得超过其所持有本公司股份总数的25%，公司董事、监事、高级管理人员离职后半年内不得转让其所持有的本公司股份。这样的规定使得公司经营者便于变现股份，可以改善经营者自身的财务状况，同时也可增加公司股份的流动性。

3. 完善公司治理结构

按照新三板的有关业务规则的要求，申请在新三板挂牌的公司，首先应当是存续满两年以上的股份有限公司；对于有限责任公司，则可经过改制为股份有限公司后，以公司存续时间连续计算。鉴于我国中小企业大多是有限责任公司，所以，公司在决定申请在新三板挂牌时，应当对公司的股权构成、公司治理结构以及董事、监事、高级管理人员的职责等进行明确，有利于提升公司的现代管理水平；同时，财务制度的完善是企业能否在新三板挂牌的关键，在所聘请的会计师事务所的协助下，公司也可以规范财务管理，理清财务账目和会计规则，为今后公司的健康发展打下良好的基础。

4. 提高公司知名度

上市公司在社会大众的印象中是实力的体现，投资者们也更青睐投资上市公司，上市公司的身份确保了公司在今后的发展中得到更多的资金支持；而对企业家来说，成为上市公司的投资者，也是个人成功的标志，但由于许许多多的条件限制，上市公司的投资者凤毛麟角。而公司在新三板挂牌后便成了公众公司，公司的股票将在证券市场上流通，公司的名称将随着信息的定期披露而为公众所知晓，有助于公司的信息通过证券交易所和媒体对外公开，扩大公司知名度，提升公司的品牌形象，增强客户对公司的了解和信任。因为在新三板挂牌的公司是进行了规范化股份制改造的企业，对于这样的公司，资本市场是乐于接受的，将会有更多的投资者关注这类公司。

5. 有助于留住核心员工

《业务规则》第4.1.6条规定：挂牌公司可以实施股权激励，具体办法另行规定。这条规定使挂牌企业可以通过股权激励方式吸引和留住人才。以往中小企业吸引人才，只能靠提高工资等方法，虽然有些企业也实行股权激励的方式来给员工配股，但由于企业的股份配给没有一个科学的评估机制，员工对企业配送的股份不感兴趣，而对上市公司股份的兴趣更大一些，这样就免不了企业人才流失。而企业在新三板上市后，因为企业的股票具有了流动性和可预期性，所以员工在企业中可以根据自己所持有的股份预测自己的收益，并且员工所拥有的财富也随着企业未来的发展而不断增加，这样不仅极大地增强了员工对企业的归属感，而且会吸引更多的人才投入到企业的发展进程中。

第三节　在新三板挂牌的条件及费用

企业申请在主板上市，要求的条件比较高。比如《证券法》第五十条规定股份有限公司申请股票上市，应当符合下列条件：①股票经国务院证券监督管理机构核准已公开发行；②公司股本总额不少于人民币 3 000 万元；③公开发行的股份达到公司股份总数的 25% 以上；公司股本总额超过人民币 4 亿元的，公开发行股份的比例为 10% 以上；④公司最近三年无重大违法行为，财务会计报告无虚假记载。这样的规定，80% 以上的公司是很难达到的，但公司在新三板的挂牌条件就很简单，没有指标性的限制条件。同时，公司在主板上市需要支付几千万的费用，而在新三板上市，最多支付几百万元的费用，因此企业在新三板申请挂牌，限制条件相对宽松，所需费用也较少，以下详述。

一、在新三板挂牌所需的条件

《业务规则》第 2.1 条规定股份有限公司申请股票在全国股份转让系统挂牌，不受股东所有制性质的限制，不限于高新技术企业，应当符合下列条件：①依法设立且存续满两年。有限责任公司按原账面净资产值折股整体变更为股份有限公司的，存续时间可以从有限责任公司成立之日起计算；②业务明确，具有持续经营能力；③公司治理机制健全，合法规范经营；④股权明晰，股票发行和转让行为合法合规；⑤主办券商推荐并持续督导；⑥全国股份转让系统公司要求的其他条件。

从这条规定可以看出，对于申请在新三板挂牌的公司，全国股转系统没有指标性的限制，仅仅要求是存续满两年的股份有限公司，按照全国股转系统的相关要求，有以下四种企业符合上市要求：

（1）创业期的中小公司。这些公司具有一定的技术成果，未来的市场前景也十分广阔，由于缺少资金，同时面临融资难的问题，无法扩大生产规模，而通过在新三板挂牌，机构投资者和自然人投资者可以考察这些公司的生产经营状况，对发展前景好、市场空间大的公司加大投资，可有效地解决中小公司融资难的问题。

（2）已经具有一定规模的地方品牌公司。虽然这些公司具有较大的发展潜力，但由于资金、技术、知名度的限制，很难进一步扩大规模、增加市场份额。而通过在新三板挂牌，公司成为非上市公众公司，公司的生产经营以及核心竞争力等展示在公众面前，增加公司的知名度，可以吸引更多的资金、技术和人才。

（3）一些不符合在主板、中小企业板或创业板上市条件的公司。希望通过新三板来规范公司治理结构，理清财务管理模式，待条件成熟后，根据新三板的转板规定进行转板。

（4）一些有自己的核心技术、具有冒险精神的创新型公司，可以通过在新三板挂牌，吸引更多风投基金的关注，从而有效地扩大生产规模。

综上所述，对要在新三板挂牌的公司来说，并无具体条件的限制，只要是依法存续满两年的有限责任公司，都可以申请挂牌。非高科技的中小公司，如教育培训、汽车租赁、餐饮旅游、家政服务等行业公司，都可以通过在新三板上挂牌而开辟一个融资、募资的渠道，成为全国性的公众公司。

二、在新三板挂牌所需的费用

1. 中介机构收取的费用

主要包括主办券商推荐挂牌服务费、会计师审计和验资费、律师服务费等，合计150万~200万元人民币。

（1）主办券商的基础费用为80万~130万元人民币（可议价）。

（2）律师事务所收取律师费为20万~30万元人民币（可议价）。

（3）会计师事务所收取的审计、验资费30万~35万元人民币（可议价）。

2. 全国中小企业股份转让系统收取的挂牌公司初费

《关于全国中小企业股份转让系统有限责任公司有关收费事宜的通知》规定全国股转系统收取挂牌公司初费根据挂牌公司总股本不同分为四大类：

（1）挂牌公司总股本2 000万股（含）以下，收费3万元人民币。

（2）挂牌公司总股本2 000万~5 000万股（含），收费5万元人民币。

（3）挂牌公司总股本5 000万~1亿股（含），收费8万元人民币。

（4）挂牌公司总股本1亿股以上，收费10万元人民币。

3. 中国证券登记结算有限公司股票登记费用

中国证券登记结算有限公司一次性收取5 000~10 000元人民币的股票登记费。

4. 企业在新三板挂牌后，需缴纳给全国中小企业股份转让系统的年费

（1）挂牌公司总股本2 000万股（含）以下：2万元人民币。

（2）挂牌公司总股本2 000万~5 000万股（含）：3万元人民币。

（3）挂牌公司总股本5 000万~1亿股（含），收费4万元人民币。

（4）总股本1亿股以上：5万元。

5. 企业在新三板挂牌后，需每年支付给中介机构的费用

（1）主办券商持续督导费用，每年10万元人民币左右。

（2）支付给律师事务所费用，每年5万~10万元人民币。

（3）支付给会计师事务所费用，每年10万~15万元人民币。

6. 在新三板挂牌后，政府对挂牌企业的补贴

为了鼓励中小公司申请上市新三板，各地地方政府分别对申请挂牌成功的公司给予补贴，如：浙江省各市根据本市的不同情况补贴分别在100万~200万元人民币之间，黑龙江省的补贴在100万~150万元人民币。

核算公司的申请挂牌费用和公司挂牌后可以获得的当地政府的奖励和补贴金额后可知，公司在新三板上挂牌花费较少，而且可以利用这个平台成为全国性的公众公司。

第四节　与新三板有关的机构

新三板是资本市场的基础部分，要健康地发展，就需要监管机构的有效监督，从而维护各方利益，防范风险，同时也有赖于各个中介机构提供谨慎、诚实的服务。

一、新三板的监督管理机构

1. 中国证券监督管理委员会

中国证券监督管理委员会（以下简称"中国证监会"）的监管职责主要有四个方面：

（1）制定规则。

（2）建设市场。

（3）协调新三板与其他资本市场的关系。

（4）监督新三板市场异常情况。

2. 全国中小企业股份转让系统有限责任公司

全国股转系统公司的主要职责有：

（1）对申请在全国股转系统挂牌的公司进行审查，主要是形式审，对申请挂牌公司及主办券商上报的材料进行审核，并根据审核结果给予同意挂牌、不予挂牌的决定。

（2）组织、监督股票转让及相关活动。

（3）督促挂牌公司及其他信息披露义务人按照全国股转系统公司的规定，定期与不定期地进行信息披露工作。

（4）审查监督主办券商、律师事务所、会计师事务所等中介机构及其工作人员在为挂牌公司提供专业服务时，严格遵守法律、法规的规定，履行好自己的职责，保证所出具的文件合法、准确、规范。

（5）制定和修改有关公司申请在全国股转系统挂牌以及申请发行股票的规则。

3. 中国证券登记结算有限责任公司

新三板的证券登记结算机构是中国证券登记结算有限责任公司（简称"中

国结算"），它的职责主要有：

（1）负责对在全国股转系统之挂牌公司股票的登记、存管以及股票发行后的结算业务。

（2）新三板股票实行的是电子化的登记，中国结算建立电子化证券簿记系统，通过电子账簿明确挂牌公司股东所持有股份的数量。

（3）中国结算既可以提供多边净额股票转让服务，也可以提供股票转让逐笔全额结算服务。

二、新三板的中介机构

1. 主办券商

（1）提供推荐业务：向全国股转系统推荐申请挂牌公司股票，对挂牌公司进行持续督导，为挂牌公司股票定向发行等提供相关服务。

（2）提供经纪业务：代理投资者开立证券账户、居间协议买卖股票等业务。

（3）提供做市业务。

证券公司要取得主办券商的资格，需要经过全国股转系统的批准，现共有94家证券公司通过审核，具有办理新三板业务资格。

2. 律师事务所

律师事务所在新三板的交易中所起的作用是非常重要的，主要职责有：

（1）协助企业进行股份制改造。

（2）企业申请挂牌时律师出具法律文书。

（3）协助挂牌企业股份转让。

（4）参与确定融资方案等工作。

律师只要持有律师资格证即可从事新三板业务，各个公司可以选择有长期合作关系的律师办理挂牌业务。

3. 会计师事务所

（1）在有限责任公司改制为股份有限公司过程中，协助理清财务管理制度，完善税收票据，出具有关企业改制的审计报告。

（2）协助企业编制申报财务报表。

（3）出具验资报告。

（4）披露公司年度财务报告等。

按照全国股转系统公司要求，办理申请挂牌的公司财务报告的会计师事务所应当具有证券、期货相关业务资格；现经过全国股转系统公司认证的会计师事务所有39家，申请挂牌公司可以在全国股转系统网站上查找、选择适合的会计师事务所。

4. 资产评估机构

申请在新三板挂牌的前期阶段，有限责任公司需改制为股份有限公司，非货币资产（如房屋、土地、机器设备等）需要由资产评估机构进行评估，作为资产总额和股本总额的依据；全国股转系统公司对资产评估机构的资质没有限制，各企业可以在改制时选择自己信任的机构。

第五节 新三板挂牌的流程

股份公司从决定申请在新三板挂牌到最终成功挂牌，一般要经历五个基本阶段，每个阶段的具体工作要求和条件也各不相同。

一、公司从有限责任公司改制为股份有限公司

（1）拟申请挂牌公司与律师事务所、券商、会计师事务所等中介机构签订协议，在公司改制阶段对公司治理结构、财务制度、股权结构等进行尽职调查。

（2）中介机构根据调查提出整改意见。

（3）公司根据中介机构提出的有关公司治理结构、财务管理、关联交易等问题进行整改。

（4）完成股份有限公司名称预核准。

（5）会计师事务所出具公司股份制改制的审计报告。

（6）资产评估机构出具有关非货币资产（如土地、厂房、机器设备等）的评估报告。

（7）主办券商、律师、会计师与公司负责人一起确定公司改制方案。

（8）召开公司董事会、股东大会审议改制方案，全体股东签署发起人协议。

（9）会计师事务所出具对企业股份制改造审查后的验资报告。

（10）召开由公司全体股东参加的股份有限公司创立大会，在会上选举出公司董事、监事，组成董事会、监事会，并审核通过公司决定挂牌的改制方案。

（11）按照有限责任公司改制为股份有限公司的规定准备有关材料，并向工商局提交公司变更登记申请

（12）工商局通过网上和现场进行审核，通过后发放股份有限公司营业执照。

二、准备公司申请在新三板挂牌所需资料

（1）会计师事务所负责出具最近两年一期的公司财务审计报告。

（2）律师事务所出具公司申请新三板挂牌时有关公司"三会制度"、关联交易以及董事、监事、高级管理人员是否具有资格、是否符合法律规定的法律意见书。

（3）主办券商出具公开转让说明书。

（4）主办券商对拟挂牌公司的股东及高级管理人员就公司治理、新三板交易规则、信息披露等知识进行辅导。

（5）主办券商召开内核会议，经内核工作组审核通过公司挂牌申请，同意担任推荐人并出具推荐报告。

（6）主办券商完成全套新三板申报材料。

三、证券交易所审核阶段

（1）主办券商向中国证监会报送备案材料。

（2）主办券商向全国股转系统公司报送申报材料。

（3）拟挂牌公司取得备案确认函。

四、股票的登记与挂牌

（1）领取《证券简称及证券代码申请书》，填报后申领申请挂牌公司股票的简称和股票的代码。

（2）办理拟挂牌公司股份集中登记和托管等工作。

（3）在全国股转系统指定的网站上披露公开转让说明书、推荐报告、审计报告、法律意见书等相关文件。

（4）挂牌公司股份在新三板开始挂牌。

五、公司在新三板挂牌后的持续被督导和融资阶段

（1）根据挂牌公司的需要，通过定向发行、发行债券等形式在资本市场进行融资。

（2）主办券商对在新三板挂牌的公司进行终身持续督导。

第二章　新三板挂牌前的股份制改造

与主板市场上市的公司，特别是在创业板市场上市的公司相比，在新三板上市的公司，条件要求要宽松得多，既不要求股本总额，也不要求营业收入等硬性条件，同时对企业股东的人数、是否是高新技术产业等也没有限制性的要求。对于中小公司来说，只要满足下面的基本条件，就可以申请在新三板挂牌发行股票：

（1）依法设立且存续满两年。原来是有限责任公司的，原公司的资产经评估机构评估后，将账面净资产折股整体变更为股份，存续时间可以从有限责任公司成立之日起计算。

（2）业务明确，具有持续经营能力。

（3）公司治理机制健全，股东大会、董事会、监事会健全，"三会"议事制度完善，没有违法、违规经营情况。

（4）股权明晰，没有股权争议及诉讼现象，股票发行和转让行为符合法律的规定和公司章程的规定。

（5）主办券商推荐并持续督导。

从这个规定可以看出，虽然新三板对挂牌公司要求的条件比较宽松，但需要满足两个基本的条件：首先，企业应是股份有限公司；其次，股份公司应当存续满两年，有限责任公司存续时间可以从有限责任公司成立之日起计算。在我国，绝大多数的中小企业都是以有限责任公司的形式存在，甚至很多是家族式的经营方式，在这种情况下，中小公司要在新三板挂牌，满足存续满两年的条件，首先要完成有限责任公司改制为股份有限公司的工作。

第一节　公司进行股份制改造的要素

一、股份有限公司成立的条件

《中华人民共和国公司法》（以下简称《公司法》）第七十六条规定：设立股

份有限公司，应当具备下列条件：

（1）发起人符合法定人数。

（2）有符合公司章程规定的全体发起人认购的股本总额或者募集的实收股本总额。

（3）股份发行、筹办事项符合法律规定。

（4）发起人制订公司章程，采用募集方式设立的经创立大会通过。

（5）有公司名称，建立符合股份有限公司要求的组织机构。

（6）有公司住所。

二、公司进行股份制改造的流程

（1）公司与主办券商、律师事务所、注册会计师事务所等中介机构签订协议，聘请它们协助公司办理股份公司改制事宜。

（2）成立改制工作小组，由董事长牵头，各部门负责人参加，针对公司改制事项落实责任分工。

（3）做好迎接中介机构进驻公司进行尽职调查工作的准备，并聘请律师事务所和会计师事务所进驻公司开展尽职调查。

（4）股份改制方案提交股东会审议，改制方案应当包括资产明细、资产折股、股东认股、业务重组等内容。

（5）经过股东大会审议通过股份改制方案后，有限责任公司的原股东作为发起人，签署发起人协议。

（6）会计师事务所经过尽职调查后，对公司资产、营业收入、税收等方面的财务情况出具审计报告，公司的土地、房屋、技术等非货币资产聘请资产评估机构出具资产评估报告。

（7）制定《股份有限公司章程（草案）》《股东大会关于公司改制的决议》《发起人协议》等，提交创立大会审议。

（8）《公司法》第八十三条规定：以发起设立方式设立股份有限公司的，发起人应当书面认足公司章程规定其认购的股份，并按照公司章程规定缴纳出资。以非货币财产出资的，应当依法办理其财产权的转移手续。所以，发起人应将认缴的资金存入专项账户，原有限责任公司的股份折股后，由验资机构出具证明，非货币资产办理转移登记手续。

（9）召开创立大会，由全体认股人参加。

（10）董事会在创立大会结束后 30 日内，负责准备申报材料，安排专人向工商部门申请办理股份有限公司的变更登记手续。

附录：

一、公司与券商签订有关公司申请新三板挂牌的合同

（一）协议中应当具备的内容

1. 有关尽职调查的人员、工作场地及所需资料安排。
2. 公司需支付的费用及支付时间。
3. 尽职调查过程中公司存在的问题处理和整改措施。
4. 出现争议时的解决办法。

（二）券商与拟挂牌公司签订的合同模板

公司股份制改制委托合同（参考模板）

甲方：　　　　　　　　法定代表人：

住所：

乙方：　　　　　　　　法定代表人：

住所：

根据《中华人民共和国公司法》《全国中小企业股份转让系统业务规则（试行）》《全国中小企业股份转让系统主办券商管理细则（试行）》等文件的规定，双方在平等协商的基础上制定本协议。

1. 乙方为甲方在全国中小企业股份转让系统挂牌前进行股份公司改制提供辅导服务。

2. 乙方应当尽到勤勉的职责，按协议规定的时间安排专业人员到甲方公司办理有关挂牌事宜。

3. 甲方应当提供相应的办公场所和协助的工作人员。

4. 甲方应支付乙方费用____元。

5. 甲方应当提供给乙方真实有效的材料，并根据乙方的要求提供必要的协助。

6. 乙方应当安排专人在规定的时间内对公司进行尽职调查。

7. 乙方应与甲方以及会计师事务所、律师事务所等机构互相配合，制订公司股份制改制的整体方案。

8. 乙方应协助甲方组织股份制改制工作小组并明确小组成员的职责。

9. 乙方应严谨、客观地调查甲方的资产状况和财务状况，对在调查中发现的问题向甲方提出整改的意见或建议，并协助甲方解决有关财务问题。

10. 乙方应与律师事务所相互协调，共同解决在甲方在改制过程中遇到的法

律问题和财务问题。

11. 乙方应协助甲方及其他中介机构，加强与政府有关主管部门沟通协调，使甲方股份制改制工作尽快得到政府的批准。

12. 本合同所产生的任何纠纷，各方应通过友好协商解决；协商解决不成的，可以提交____仲裁委员会进行仲裁，或向____人民法院提起诉讼。

13. 甲、乙双方签字盖章后本协议生效。

14. 本协议一式____份，甲、乙方各执一份，其余备用，每份均具有同等法律效力。

甲方（盖章）：   乙方（盖章）：

法定代表人或授权代表（签字）：   法定代表人或授权代表（签字）：

二、公司与律师事务所签订有关公司申请新三板挂牌的协议

（一）协议中应当具备的内容

1. 律师应与公司一起整理、完善公司有关股份改制的法律文件。

2. 律师应核查公司股东、董事、监事及高级管理人员任职资格。

3. 梳理公司的关联方关系。

4. 制订避免同业竞争的方案。

5. 核查公司开展业务中所需的各项资质、证书及批文等资料。

6. 协助公司制定各项规章制度，完善公司内控制度，协助公司确定公司组织架构的设置及管理层人选。

7. 协助制定各项管理制度及会议文件等资料。

（二）律师事务所与拟挂牌公司签订的协议模板

公司股份改制委托协议（参考模板）

甲方：   法定代表人：

住所：

乙方：   法定代表人：

住所：

根据《中华人民共和国公司法》及《全国中小企业股份转让系统业务规则（试行）》等文件的规定，双方在平等协商的基础上制定本协议。

1. 乙方为甲方在全国中小企业股份转让系统挂牌提供相应的服务。

2. 乙方应当尽到勤勉的职责，按协议要求安排专业人员到甲方公司办理有关挂牌事宜。

3. 甲方应当提供相应的办公场所和协助的工作人员。

4. 甲方应支付乙方费用____元。

5. 甲方应对提供给乙方的有关材料的真实性承担连带责任。

6. 在公司股份改制过程中，甲方应提供真实有效的材料，并提供必要的协助。

7. 乙方应与甲方一起，梳理公司的历史沿革，完善自公司成立以来历次会议记录及历次公司工商变更登记的批准文件，使之符合公司股份改造的要求。

8. 乙方应与甲方一起，整理并确定具有任职资格的公司股东、董事、监事及高级管理人员。

9. 乙方应与甲方所聘会计师事务所一起，审核历次股权变更工商记录及公司相关财务资料，确保股东出资符合法律规定。

10. 乙方应当在甲方的配合下，梳理出公司的关联方交易及同业竞争情况，并对存在的问题进行整改。

11. 乙方应当在甲方的配合下，核查公司开展业务中所需的各项资质、证书及批文等资料，使其符合公司股份改制的相关法律要求。

12. 乙方检查公司实际控制人、控股股东、公司董事、监事、高级管理人员是否受到重大处罚。

13. 协助公司制定各项规章制度，完善公司内控制度，协助公司确定公司组织架构的设置及管理层人选。

14. 乙方应在甲方的配合下，准备公司股份制改制所需要的资料，指导公司发出召开股东大会通知，准备申办工商变更登记的相关文件。

15. 本合同所产生的任何争议，双方先应通过友好协商解决；协商解决不成的，可以提交____仲裁委员会进行仲裁，或向____人民法院提起诉讼。

16. 本协议自双方签字盖章后生效。

17. 本协议一式____份，甲、乙双方各执一份，其余备用，每份均具有同等法律效力。

甲方（盖章）：　　　　　　　　　　乙方（盖章）：

法定代表人或授权代表（签字）：　　法定代表人或授权代表（签字）：

三、制定发起人协议书

（一）协议中应当具备的内容

1. 各发起人认购的份额以及应承担的权利义务。

2. 拟设立股份公司的经营范围及股本总额。

3. 股份公司设立失败时，各发起人应对筹备阶段所产生的费用和债务承担连带责任。

4. 因发起人中一方的违约行为，导致股份公司迟延设立的，该发起人应负赔偿责任。如果出现多方违约，则根据各方责任按比例负赔偿责任。

（二）发起人协议书模板

发起人协议书（参考模板）

根据《中华人民共和国公司法》（以下简称《公司法》）及其他法律、行政法规、规范性文件的规定，协议各方就有限公司按账面净资产值折股整体变更为股份公司所涉相关事宜，达成一致，订立本协议，以资共同遵守。

第一条　发起人

序号	发起人	身份证号
1.		
2.		

第二条　拟设立的股份公司的名称和地址

中文名称：____股份有限公司

住　　所：

第三条　拟设立的股份公司的宗旨和经营范围

宗　　旨：

经营范围：

第四条　拟设立股份公司设立方式及组织形式

（一）以本协议第一条所列各方为发起人，____有限公司按账面净资产值折股整体变更为股份公司。

（二）____有限公司按账面净资产值折股整体变更为股份公司前的债权、债务均由该股份公司承继。

第五条　拟设立的股份公司的注册资本、股本总额、股份性质、每股金额

拟设立的股份公司的注册资本（总股本）为____。

拟设立的股份公司将向协议各方发行有表决权股份总数____万股，均为人民币普通股股票，每股面值人民币1元。

第六条　拟设立的股份公司的董事会、监事会

拟设立的股份公司的董事会____人组成，监事会由____人组成，其中____人为职工监事。

第七条　发起人认购股份的数额和形式

（一）根据____会计师事务所出具的审计报告，截至____年____月____日，

____有限公司的净资产值为人民币____元。发起人决定按照《公司法》的规定以经审计的公司账面净资产值人民币____元折为股本____万股（余额人民币____元计入资本公积金）。

（二）公司发起人认购的股份数额及其占拟设立的股份公司总股本比例，如下表所列示：

序号	股东名称	股份数（万股）	股权比例
1.			
2.			

第八条 各发起人的基本权利

（一）根据本协议出资并按出资额取得相应股份。

（二）于股份公司发起设立期间协商推荐股份公司首届董事候选人及由股东代表出任的监事候选人，并交股东大会选举通过。

（三）共同决定发起设立期间的重大事项。

第九条 发起人的义务与责任

（一）发起人应承担的义务。

1. 发起人应及时提供办理股份公司登记注册所需要的全部文件，并按协议规定认购股份公司的股份。

2. 发起人持有的股份在法律、行政法规及其他规范性文件规定的禁止转让的期限内不得转让。

3. 发起人及其控制的企业不得从事与股份公司相同或相似的业务，避免同业竞争的发生。

4. 承担公司发起事务。

（二）发起人应承担的责任。

1. 在股份公司设立过程中，由于发起人的原因导致公司利益受损的，应当对公司负赔偿责任。

2. 股份公司设立失败时，对设立过程中所产生的债务和费用由各发起人按认购比例分担。

第十条 公司章程

本协议各方共同制定《____股份有限公司章程》，并承诺在股份公司创立大会上对该公司章程表决时投赞成票，尽力促成通过该公司章程。

第十一条 股份公司的筹备工作

公司发起人一致同意委托____有限公司董事会为发起人代表，全权办理____股份有限公司的审批、登记等有关事宜。

第十二条 ____有限公司董事会的筹备职责

（一）决定公司发起设立事务的具体安排。

（二）向所有有关部门递交公司成立的申请，取得适当的批准文件。

（三）向创立大会提出董事、监事候选人名单。

（四）组织召开会议，发出会议通知。

（五）其他公司设立的有关事宜。

第十三条 特别承诺

协议各方一致同意股份公司设立后不会利用公司发起人的地位做出侵害公司利益的行为。

第十四条 违约责任

本协议一经签订，各方发起人应严格遵守，任一方违约，应赔偿对此造成的对守约方的损失。

第十五条 争议解决

本协议适用中华人民共和国现时生效的法律、法规。与本协议有关的争议应通过友好协商解决，若协商不成，任何一方有权向有管辖权的人民法院提起诉讼。

第十六条 生效

本协议书经发起人各方签字、盖章之日起生效。

第十七条 协议文本

本协议书一式____份，发起人各方各执一份，其余供申报时使用。

（以下无正文，签署页见下页）

第二节 公司股份制改造的前期准备阶段

有限责任公司改制为股份有限公司是公司在新三板挂牌的前提和基础。改制可以使公司业务独立、财务独立、人员独立、资产独立，增加公司运行的透明化，客观上也更能吸引投资者的注意，所以公司的股份制改造是公司能否在新三板挂牌的一个重要环节，具体前期工作有八项。

一、选择主办券商、律师事务所、会计师事务所等中介机构

1. 主办券商的选择和职责

（1）根据《全国中小企业股份转让系统主办券商管理细则（试行）》《全国中小企业股份转让系统做市商做市业务管理规定（试行）》《全国中小企业股份转让系统主办券商持续督导工作指引（试行）》的要求，公司在申请在新三板挂

牌阶段以及股票发行阶段，应当聘请主办券商来参加全过程，对申请挂牌公司的财务情况、经营发展以及股票的定向发行等方面进行监督指导，全国股转系统公司规定证券公司担任主办券商，需经全国股转系统公司审核认可，现通过全国股转系统认证的券商共有94家，企业可以在全国股转系统网站上公示的证券公司选择主办券商。

（2）根据《业务规则》和《全国中小企业股份转让系统主办券商管理细则（试行）》等文件的规定，主办券商的职责在申请挂牌公司股份制改造阶段，归纳起来主要有以下内容：①公司与证券公司签订持续督导协议后，证券公司作为主办券商应当组织尽职调查工作组进驻公司，开展尽职调查。②会同会计师事务所，对公司的财务制度、资产情况以及财务报表、档案等进行督查，并对不合规的部分提出整改意见。③会同律师事务所对公司的公司治理结构、规章制度、董事、监事以及高级管理人员的任职资格等进行审查，并编制相应的文件。

2. 律师事务所的选择和职责

（1）新三板对于办挂牌业务的律师事务所资格没有特殊的要求，只要是正规的律师事务所以及具有律师执业证的律师均可办理新三板业务。公司可以在了解律师事务所情况后，选择自己信任的律师事务所协助办理新三板挂牌业务。

（2）律师事务所在公司股份改制中的职责包括：①对于公司改制中进行的资产重组、债务清算、股权分配等事项进行尽职调查并出具法律意见书。②协助公司完善股东大会、董事会、监事会议事制度。③协助公司完善股份改制方案，并对下一步的实施提出法律方面的建议。④协助公司完善公司治理结构，以及股权构成，审核董事、监事、公司高级管理人员的任职资格。

3. 会计师事务所的选择和职责

（1）由于会计师事务所在公司申请挂牌以及股票发行过程中，担负着协助判断公司生产经营能否正常进行，公司的财务运转是否健康，投资者的投资是否安全等监督的角色；所以，新三板对办理公司挂牌业务的会计师事务所的资格有一定的限制，原则上要求办理业务的会计师事务所有证券、期货的资格，并经全国股转系统公司审核认证。目前全国股转系统通过审核认证的会计师事务所有39家。

（2）会计师事务所在公司股份改制中的职责包括：①协助公司清理财务账目，对缺少的关键纳税记录进行补录或补充说明。②完善财务管理制度，落实财务责任人。③对公司的资产进行清理，并出具验资报告。④对公司的财务状况进行了整体审查后，出具审计报告。⑤对在尽职调查中发现的有关财务问题，督促整改并持续监督。

二、成立改制工作小组

（1）拟申请挂牌公司成立以董事长为组长，财务、法务、技术等关键部门的负责人为组员的改制工作小组，具体处理有关改制事项。

（2）研究拟订改制方案和组织形式，整理和准备公司有关改制的文件和资料。

（3）各部门分工合作，协助主办券商、律师事务所以及会计师事务所进行尽职调查。

（4）与政府有关部门协调，办理相关文件，领取相关证件，以利企业改制工作顺利进行。

三、律师事务所和会计师事务所进驻公司做尽职调查，协助制订股份改制方案提交股东会审议

1. 会计师事务所在这一阶段的主要职责

（1）检查公司的纳税登记等财务文件，对缺少的票据和报表进行补办或说明，使公司财务制度尽快规范。

（2）对公司的财务制度、财务程序进行检查，理清公司的财务制度，规范财务登记文书。

2. 律师事务所在这一阶段的主要职责

（1）对公司所提供的有关股份改制的文件进行法律审，完善相关股份有限公司的制度。

（2）了解公司的历史渊源、资产来源，以及所有人是否存在债权、债务的争议等。

（3）发现和分析改制公司的法律风险和问题。

3. 其他职责

会计师事务所和律师事务所还应当协助改制公司制定股份改制方案，以备提交股东会审议，股份改制方案要有资产明细、资产折股、股东认股、业务重组等内容。

四、全体股东作为发起人，制定签署发起人协议

股份有限公司的发起人，是由全体公司股东担任的，股份有限公司的股东人数一般为 2 人以上，200 人以下。在成立股份有限公司时，发起人之间应订立协

议，明确彼此之间的权利和义务界限，规定未来股份公司的性质、公司治理结构等重要事项。协议一般应当包括：公司名称、注册资本、经营范围、股东构成、出资形式、组织机构、增资、减资、合并、分立、终止等《公司法》规定的事项。

五、会计师事务所对公司财务出具审计报告，公司的非货币资产请资产评估机构出具资产评估报告

1. 审计报告内容

会计师事务所根据前期的尽职调查，对公司财务事项进行详细的梳理审查，并出具审计报告，具体包括：

（1）公司财务报销制度及有关的财务管理制度。

（2）固定资产报表、毛利润、纯利润报表、流动资产报表。

（3）资产负债报告、关联交易记录、记账、会计凭证。

（4）纳税记录，税务报告以及相关税收收据。

（5）对外投资记录、银行回单、投资收益表等。

2. 资产评估报告内容

《公司法》第二十八条规定：股东应当按期足额缴纳公司章程中规定的各自所认缴的出资额。股东以货币出资的，应当将货币出资足额存入有限责任公司在银行开设的账户；以非货币财产出资的，应当依法办理其财产权的转移手续。股东不按照前款规定缴纳出资的，除应当向公司足额缴纳外，还应当向已按期足额缴纳出资的股东承担违约责任。就是说，股东既可以用货币出资，也可以用实物、知识产权、土地使用权等非货币财产出资；但对出资的非货币财产，应当由专业的资产评估机构进行评估。

六、制定《股份有限公司章程（草案）》，送创立大会审议

（1）公司章程是规定股份公司设立最基本条件的法律文件，被称为股份公司的"宪法"。《公司法》第十一条规定：设立公司必须依法制定公司章程。公司章程对公司、股东、董事、监事、高级管理人员具有约束力。《公司法》第十二条规定：公司的经营范围由公司章程规定，并依法登记。公司可以修改公司章程，改变经营范围，但是应当办理变更登记。所以，股份有限公司的设立，必须优先制定公司章程，以规定公司运行的基本框架。

（2）公司章程规范公司内部的运作，明确股东之间、股东和董事、监事、高级管理人员之间的权利和义务关系。

（3）公司章程是公司对与其他公司进行经营合作的基本框架文件，合作企

业可以通过查看股份公司在工商管理部门公示的公司章程，了解公司的性质、经营范围、组织框架等内容。所以，制定一个合规、严谨的股份公司章程，也有利于公司在新三板挂牌后吸引机构投资者的投资。

七、召开股东大会，通过《股东大会关于公司改制的决议》

（1）《公司法》第九十条规定："发起人应当在创立大会召开十五日前将会议日期通知各认股人或者予以公告。创立大会应有代表股份总数过半数的发起人、认股人出席，方可举行。"

（2）创立大会应当安排专人将有关股份公司改制事项的决定制成会议记录，由出席会议的股东在会议记录上签名。

（3）在发起人创立大会上做出的决议，应当由出席大会的有表决权的股东过半数通过。

（4）按照公司章程设立的议事程序和表决方法，对改制问题进行表决。

（5）关于股份公司改制决议，应当经代表三分之二的有表决权的股东表决通过。

八、开展折股、认缴股份、验资工作

（1）原有限公司股东进行原所持股份的折股工作，将重新核算股份公司持股比例，会计师事务所出具验资证明。

（2）对以房屋、土地、设备等实物或以技术、商标等知识产权出资的，应办理产权转移手续，并由资产评估机构出具验资报告。

（3）新的股东增加注册资本应设立验资账户，发起人应出资认缴股份。发起人按照协议认缴货币资本到验资账户，新增股东认缴资本也应认缴到验资账户。

附录：

一、股东大会关于公司改制决议的模板

（一）公司改制决议应当具备的内容

1. 需明确应到和实到股东人数，按符合《公司法》所规定的三分之二表决权通过，决议才能生效。

2. 确定公司股份改制事项。

3. 聘请相关中介机构协助进行改制工作。

（二）股东大会关于公司改制决议的模板

股东会决议（参考模板）

____有限公司（以下简称公司）于____年____月____日在____召开股东会，应到股东____人，实到股东____人，符合《中华人民共和国公司法》和《____有限公司章程》的规定，会议有效。

本次会议由____主持，与会股东就变更设立股份公司有关事项，讨论并一致通过了下述决议：

一、拟将____有限责任公司整体变更设立为____股份有限公司。

二、聘请____会计师事务所对以基准日为____年____月____日整体变更设立股份公司需要的财务报表进行审计，并出具相应的审计报告以及发起人缴足出资的验资报告。

三、委托____资产评估有限公司对以基准日为____年____月____日的公司资产进行清产核资、资产评估，并出具相应的资产评估报告。

特此决议。

股东签字：

年 月 日

第三节 公司办理股份公司变更登记手续

这个阶段，申请挂牌公司的任务主要是根据创立大会的决议，准备股份改制的申请文件，并向工商行政管理部门申请将有限责任公司变更为股份有限公司。

一、办理股份改制变更登记所需材料

按照国家工商行政管理总局网站公示的要求，办理股份制变更登记需要的材料包括：

（1）《公司登记（备案）申请书》。

（2）《指定代表或者共同委托代理人授权委托书》及指定代表或委托代理人的身份证件复印件。

（3）由会议主持人和出席会议的董事签署的股东大会会议记录（募集设立的提交创立大会的会议记录）。

（4）全体发起人签署或者出席股东大会或创立大会的董事签字的公司章程。

（5）发起人的主体资格证明或者自然人身份证件复印件。①发起人为企业的，提交营业执照复印件。②发起人为事业法人的，提交事业法人登记证书复印件。③发起人股东为社团法人的，提交社团法人登记证复印件。④发起人为民办非企业单位的，提交民办非企业单位证书复印件。⑤其他发起人提交有关法律法规规定的资格证明。

（6）募集设立的股份有限公司提交依法设立的验资机构出具的验资证明。涉及发起人首次出资是非货币财产的，提交已办理财产权转移手续的证明文件。

（7）董事、监事和经理的任职文件及身份证件复印件。

依据《公司法》和公司章程的规定，提交由会议主持人和出席会议的董事签署的股东大会会议记录（募集设立的提交创立大会的会议记录）、董事会决议或其他相关材料。其中股东大会会议记录（创立大会会议记录）可以与第3项合并提交；董事会决议由公司董事签字。

（8）法定代表人任职文件（公司董事签字的董事会决议）及身份证件复印件。

（9）住所使用证明。

（10）《企业名称预先核准通知书》。

（11）募集设立的股份有限公司公开发行股票的应提交国务院证券监督管理机构的核准文件。

（12）法律、行政法规和国务院决定规定设立股份有限公司必须报经批准，提交有关的批准文件或者许可证件复印件。

（13）公司申请登记的经营范围中有法律、行政法规和国务院决定规定必须在登记前报经批准的项目，提交有关批准文件或者许可证件的复印件。

（14）《承诺书》。

二、办理股份改制变更登记的说明[①]

（1）办理企业名称预先核准、登记、备案等，可登录"国家工商行政管理总局网"（http://www.saic.gov.cn）或"中国企业登记网"（http://qyj.saic.gov.cn）下载相关表格。

（2）提交的申请书与其他申请材料应当使用A4纸。

（3）提交材料未注明提交复印件的，应当提交原件；提交复印件的，应当注明"与原件一致"并由申请人签署，或者由其指定的代表或共同委托的代理人加盖公章或签字。

（4）提交材料涉及签署的，未注明签署人的，自然人由本人签字，法人和其他组织由法定代表人或负责人签字，并加盖公章。

---

① 资料来源：国家工商行政管理总局网（http://www.saic.gov.cn）。

三、办理股份改制变更登记的流程①

国家工商总局企业注册局已开通企业登记全程电子化系统（试运行），申请人可以通过该系统办理企业设立、变更、备案、注销登记业务。操作方法如下：

1. 登录系统

企业登记网上注册申请系统打开有三种渠道：

第一种：鼠标放置在"国家工商行政管理总局网"（http：//www.saic.gov.cn）导航栏的"服务"位置，在弹出的下拉菜单栏"办事大厅—办事系统"栏目中，点击登陆"企业登记网上注册申请业务系统"（以下简称"网上注册系统"）；

第二种：点击"国家工商行政管理总局网"（http：//www.saic.gov.cn）下方"办事系统"栏中的"企业登记网上注册申请业务系统"，登陆"网上注册系统"；

第三种：点击"中国企业登记网"（http：//qyj.saic.gov.cn/）下方"企业办事"栏目中的"在线申报"，登陆"网上注册系统"。

注意：＊表示必填。开始进行信息填写时通过点击"下一步"进行页面切换，所有信息都已经填报完成后可以点击"下一步"或页签可进行页面切换。在系统中填写的信息真实有效，以保证通过系统打印出的文书内容无误；要求填写的手机号可接收短信，以保证申请人及时了解业务办结情况。"其他信息"页面授权委托人电话务必填写正确的手机号，确保及时接收关于申请业务的短信提示。

注意：已经注册为用户的，输入用户名、密码点击"登录"进入；未注册为用户的，需先注册为用户。

2. 选择类型

根据所办业务，选择点击"企业设立申请""企业变更申请""企业备案申请"或"企业注销申请"模块，进入业务申请环境。

注意：同一企业一次只能选择一种业务类型，待申请的业务办理结束后，方可再次申请业务办理。企业变更同时需要办理备案业务的，应当选择"企业变更申请"，该业务类型将会将变更、备案一并处理；只办理备案的，应当选择"企业备案申请"模块。

3. 填写信息

"企业设立申请"业务：企业需要选择申请的企业类型、输入名称预先核准通知书文号或者企业名称，点"查询"按钮提取申请的企业信息，然后对未填写的信息进行补录，点击页面的"下一步"进行继续操作，在"其他信息"页面的对

---

① 资料来源：国家工商行政管理总局网（http：//www.saic.gov.cn）。

应该页面的材料清单上传扫描材料，并在该材料清单前打钩表示需要提交审核。

注意：*表示必填。开始进行信息填写时通过点击"下一步"进行页面切换，所有信息都已经填报完成后可以点"下一步"或页签可进行页面切换。在系统中填写的信息真实有效，以保证通过系统打印出的文书内容无误；要求填写的手机号可接收短信，以保证申请人及时了解业务办结情况。"其他信息"页面授权委托人电话务必填写正确的手机号，确保及时接收关于申请业务的短信提示。

4. 上传文件（PDF 格式）

选择所需提交的文件目录，根据目录显示对应上传已经签字（盖章）材料的 PDF 格式扫描件。

注意：目录中如果缺少需提交文件名称可通过"添加材料"按钮，自行录入材料名录，增加材料目录信息。对材料目录前的"□"打钩，上传的材料才能被提交，否则不会通过网络将上传的材料提交审核。电子材料需要加盖公章，扫描为 PDF 格式上传到系统中。

5. 检查提交

对填报信息和上传材料进行预览，再次确认填写信息后，点击"检查"按钮，系统会对申请人填写的信息和上传的附件材料进行初步检查；检查通过后点击"提交"按钮，通过互联网将申请业务提交至工商行政管理总局业务部门进行审查。检查不通过的，申请人需根据提示修改填报信息，直至业务检查通过方可将申请业务提交至业务部门审查。在"预览"页面点"检查"按钮，整体再查看填报的企业信息，检查无误后点"提交"按钮，完成网上业务申请提交。

注意：业务状态为"已提交待预审"表示业务已经提交成功，此时申报信息只能查看，不能修改。

6. 查看反馈

登录系统，点击"我的业务申请"，系统会列出已提交审核的企业名称。如某个企业名称的"申请状态"为"退回修改"的，应当点击"操作"栏中的"查看"，查看具体修改意见，并按照修改要求返回点击"操作"栏中的"修改"，修改相关信息，再次提交；也可以点击"操作"栏中的"删除"，删除该项申请。"申请状态"为"驳回"的，此次申请未获成功；可以点击"查看"，查看驳回理由，并根据驳回意见重新申请。审查意见为"拟同意"的，表示业务处于在审核中，申请信息可查看、不可修改。

7. 现场交件

登录系统，点击"我的业务申请"查看申请的企业名称申请状态，如显示为"已办理成功"，根据手机短信提示到相应注册大厅相应窗口提交纸质材料。

注意：需根据要求对打印出的纸质材料进行签字盖章，确保与系统中的电子材料一致。

8. 领取执照

纸质材料被审查同意后，领取核准通知书、营业执照。

附录：

一、填报企业名称预先核准申请书

（一）填报企业名称预先核准申请书的要求①

1. 本申请书适用于所有内资企业的名称预先核准申请、名称项目调整（投资人除外）、名称延期申请等。

2. 向登记机关提交的申请书只填写与本次申请有关的栏目。

3. 申请人应根据《企业名称登记管理规定》和《企业名称登记管理实施办法》有关规定申请企业名称预先核准，所提供信息应真实、合法、有效。

4. "企业类型"栏应根据具体类型选择填写：有限责任公司、股份有限公司、分公司、非公司企业法人、营业单位、企业非法人分支机构、个人独资企业、合伙企业。

5. "经营范围"栏只需填写与企业名称行业表述相一致的主要业务项目，应参照《国民经济行业分类》国家标准及有关规定填写。

6. 申请企业设立名称预先核准、对已核准企业名称项目进行调整或延长有效期限的，申请人为全体投资人。其中，自然人投资的由本人签字，非自然人投资的加盖公章。

7. 在原核准名称不变的情况下，可以对已核准名称项目进行调整，如住所、注册资本（金）等，变更投资人项目的除外。

8. 《企业名称预先核准通知书》的延期应当在有效期期满前一个月内申请办理，申请延期时应缴回《企业名称预先核准通知书》原件。投资人有正当理由，可以申请《企业名称预先核准通知书》有效期延期六个月，经延期的《企业名称预先核准通知书》不得再次申请延期。

9. 指定代表或委托代理人、具体经办人应在粘贴的身份证件复印件上用黑色钢笔或签字笔签字确认"与原件一致"。

10. "投资人"项及"已核准名称项目调整（投资人除外）"项可加行续写或附页续写。

11. 申请人提交的申请书应当使用 A4 纸。依本表打印生成的，使用黑色钢笔或签字笔签署；手工填写的，使用黑色钢笔或签字笔工整填写、签署。

---

① 资料来源：国家工商行政管理总局网（http://www.saic.gov.cn）。

（二）企业名称预先核准申请书模板

企业名称预先核准申请书（工商行政管理总局模板）

□企业设立名称预先核准	
申请企业名称	

备选企业字号	1.
	2.
	3.

企业住所地	省（市/自治区）　　　　　　　　市（地区/盟/自治州） 县（自治县/旗/自治旗/市/区）

注册资本（金）	万元	企业类型	

经营范围	

投资人	名称或姓名	证照号码

□已核准名称项目调整（投资人除外）		
已核准名称		通知书文号
拟调整项目	原申请内容	拟调整内容

□已核准名称延期		
已核准名称		通知书文号
原有效期		有效期延至　　年　　月　　日

（续上表）

指定代表或者共同委托代理人				
具体经办人 姓名		身份证件号码		联系电话
授权期限	自　　　年　　月　　日至　　　年　　月　　日			
授权权限	1. 同意□不同意□核对登记材料中的复印件并签署核对意见； 2. 同意□不同意□修改有关表格的填写错误； 3. 同意□不同意□领取《企业名称预先核准通知书》。			
	（指定代表或委托代理人、具体经办人身份证件复印件粘贴处）			
申请人 签字或盖章	年　　月　　日			

二、公司登记（备案）申请书的模板

（一）公司登记（备案）申请书的填写说明[①]

1. 本申请书适用于有限责任公司、股份有限公司向公司登记机关申请设立、变更登记及有关事项备案。

2. 向登记机关提交的申请书只填写与本次申请有关的栏目。

3. 申请公司设立登记，填写"基本信息"栏、"设立"栏和"备案"栏有关内容及附表 1 "法定代表人信息"、附表 2 "董事、监事、经理信息"、附表 3 "股东（发起人）出资情况"、附表 4 "财务负责人信息"、附表 5 "联络员信息"。"申请人声明"由公司拟任法定代表人签署。

[①] 资料来源：国家工商行政管理总局网（http：//www.saic.gov.cn）。

4. 公司申请变更登记，填写"基本信息"栏及"变更"栏有关内容。"申请人声明"由公司原法定代表人或者拟任法定代表人签署并加盖公司公章。申请变更同时需要备案的，同时填写"备案"栏有关内容。申请公司名称变更，在名称中增加"集团或（集团）"字样的，应当填写集团名称、集团简称（无集团简称的可不填）；申请公司法定代表人变更的，应填写、提交拟任法定代表人信息（附表1"法定代表人信息"）；申请股东变更的，应填写、提交附表3"股东（发起人）出资情况"。变更项目可加行续写或附页续写。

5. 公司增设分公司应向原登记机关备案，注销分公司可向原登记机关备案。填写"基本信息"栏及"备案"栏有关内容，"申请人声明"由法定代表人签署并加盖公司公章。"分公司增设/注销"项可加行续写或附页续写。

6. 公司申请章程修订或其他事项备案，填写"基本信息"栏、"备案"栏及相关附表所需填写的有关内容。申请联络员备案的，应填写附表5"联络员信息"。"申请人声明"由公司法定代表人签署并加盖公司公章；申请清算组备案的"申请人声明"由公司清算组负责人签署。

7. 办理公司设立登记填写名称预先核准通知书文号，不填写注册号或统一社会信用代码。办理变更登记、备案填写公司注册号或统一社会信用代码，不填写名称预先核准通知书文号。

8. 公司类型应当填写"有限责任公司"或"股份有限公司"。其中，国有独资公司应当填写"有限责任公司（国有独资）"；一人有限责任公司应当注明"一人有限责任公司（自然人独资）"或"一人有限责任公司（法人独资）"。

9. 股份有限公司应在"设立方式"栏选择填写"发起设立"或者"募集设立"。有限责任公司无须填写此项。

10. "经营范围"栏应根据公司章程、参照《国民经济行业分类》国家标准及有关规定填写。

11. 申请人提交的申请书应当使用A4纸。依本表打印生成的，使用黑色钢笔或签字笔签署；手工填写的，使用黑色钢笔或签字笔工整填写、签署。

（二）公司登记（备案）申请书模板

公司登记（备案）申请书

注：请仔细阅读本申请书《填写说明》，按要求填写。

□基本信息	
名　　称	
名称预先核准文号/注册号/统一社会信用代码	

（续上表）

住　　所	＿＿＿省（市/自治区）＿＿＿市（地区/盟/自治州）＿＿＿县（自治县/旗/自治旗/市/区）＿＿＿乡（民族乡/镇/街道）＿＿＿村（路/社区）＿＿＿号
生产经营地	＿＿＿省（市/自治区）＿＿＿市（地区/盟/自治州）＿＿＿县（自治县/旗/自治旗/市/区）＿＿＿乡（民族乡/镇/街道）＿＿＿村（路/社区）＿＿＿号

联系电话		邮政编码	

□设立			
法定代表人姓　　名		职　　务	□董事长　□执行董事　□经理
注册资本	＿＿＿＿万元	公司类型	
设立方式（股份公司填写）	□发起设立		□募集设立
经营范围			
经营期限	□＿＿年 □长期	申请执照副本数量	＿＿个

□变更		
变更项目	原登记内容	申请变更登记内容

□备案			
分公司 □增设□注销	名　　称		注册号/统一社会信用代码
	登记机关		登记日期

（续上表）

清算组	成　员			
	负责人		联系电话	
其　他	□董事　□监事　□经理　□章程　□章程修正案　□财务负责人 □联络员			
□申请人声明				

本公司依照《公司法》《公司登记管理条例》相关规定申请登记、备案，提交材料真实有效。通过联络员登录企业信用信息公示系统向登记机关报送、向社会公示的企业信息为本企业提供、发布的信息，信息真实、有效。

法定代表人签字：　　　　　　　　　　　　　　　　公司盖章

（清算组负责人）签字：　　　　　　　　　　年　　月　　日

三、指定代表或者共同委托代理人授权委托书

（一）填写指定代表或者共同委托代理人授权委托书的说明[①]

1. 本委托书适用于办理企业名称预先核准，公司及其分公司、非公司企业法人及其分支机构、营业单位、非公司企业等办理登记（备案）、股权出质等业务。

2. 名称预先核准，新申请名称申请人为全体投资人或隶属企业，已设立企业变更名称申请人为本企业，由企业法定代表人签署。

3. 设立登记，有限责任公司申请人为全体股东，国有独资公司申请人为国务院或地方人民政府国有资产监督管理机构，股份有限公司申请人为董事会，非公司企业法人申请人为主管部门（出资人），分公司申请人为公司，营业单位、非法人分支机构申请人为隶属单位（企业）。自然人申请人由本人签字，非自然人申请人加盖公章。

4. 公司、非公司企业法人变更、注销、备案，申请人为本企业，加盖本企业公章（其中公司清算组备案的，同时由清算组负责人签字；公司破产程序终结后办理注销登记的，同时由破产管理人签字）；分公司变更、注销、备案，申请

①　资料来源：国家工商行政管理总局网（http：//www.saic.gov.cn）。

人为公司，加盖公司公章；营业单位、非法人分支机构申请人为隶属单位（企业），加盖隶属单位（企业）公章。

5. 股权出质设立、变更、注销登记申请人为出质人和质权人，股权出质撤销登记申请人为出质人或者质权人。

6. 委托事项及权限：第 1 项应当选择相应的项目并在"□"中打√，或者注明其他具体内容；第 2、3、4、5 项选择"同意"或"不同意"并在"□"中打√。

7. 指定代表或者委托代理人可以是自然人，也可以是其他组织；指定代表或者委托代理人是其他组织的，应当另行提交其他组织证照复印件及其指派具体经办人的文件、具体经办人的身份证件。

8. 申请人提交的申请书应当使用 A4 纸。依本表打印生成的，使用黑色钢笔或签字笔签署；手工填写的，使用黑色钢笔或签字笔工整填写、签署。

（二）指定代表或者共同委托代理人授权委托书模板

指定代表或者共同委托代理人授权委托书

申 请 人：＿＿＿＿＿＿＿＿＿＿＿＿＿＿＿＿＿＿＿＿＿＿＿＿＿＿

指定代表或者委托代理人：＿＿＿＿＿＿＿＿＿＿＿＿＿＿＿＿＿＿＿

委托事项及权限：

1. 办理＿＿＿＿＿＿＿＿＿＿＿＿＿＿＿＿＿＿＿＿＿＿（企业名称）的

□名称预先核准 □设立 □变更 □注销 □备案 □撤销变更登记

□股权出质（□设立 □变更 □注销 □撤销）□其他＿＿＿＿＿手续；

2. 同意□不同意□核对登记材料中的复印件并签署核对意见；

3. 同意□不同意□修改企业自备文件的错误；

4. 同意□不同意□修改有关表格的填写错误；

5. 同意□不同意□领取营业执照和有关文书。

指定或者委托的有效期限：自　　年　　月　　日至　　年　　月　　日

指定代表或委托代理人或者经办人信息	签　字：
	固定电话：
	移动电话：
（指定代表或委托代理人、具体经办人身份证明复印件粘贴处）	

（申请人签字或盖章）

　　　　　　　　　　　　　　　　　　　　　　　年　　月　　日

第三章　新三板挂牌的申请阶段

在新三板挂牌的股份公司有两种，一种是股东在 200 人以内的公司，一种是股东超过 200 人的公司。其中股东不超过 200 人的公司可以直接向全国股转系统公司申请挂牌。鉴于我国的中小公司股东人数较少，特别是家族企业占了绝大多数的情况下，这项规定降低了中小公司申报新三板挂牌的难度，简化了审批的层级。而股东超过 200 人的股份公司，则需要经过证监会核准，然后向全国股转系统公司申请。

第一节　新三板挂牌的准备阶段

一、召开董事会、股东大会会议，作出在新三板挂牌的决议

根据《公司法》第一百零二条、一百一十一条的规定，召开董事会、股东大会会议，作出在新三板申请挂牌的决议的程序如下：

（1）召开股东大会会议，应当将会议召开的时间、地点和审议的事项于会议召开二十日前通知各股东。

（2）临时股东大会应当于会议召开十五日前通知各股东。

（3）股东大会作出决议，必须经出席会议的股东所持表决权过半数通过。但是，股东大会作出修改公司章程、增加或者减少注册资本的决议，以及公司合并、分立、解散或者变更公司形式的决议，必须经出席会议的股东所持表决权的三分之二以上通过。这两项规定表明，在股份公司申请新三板挂牌前，应当先由公司董事会作出决议，然后召开股东大会进行决议。

（4）董事会会议应有过半数的董事出席方可举行。董事会作出决议，必须经全体董事的过半数通过。董事会决议的表决，实行一人一票。董事会应当对会议所议事项的决定形成会议记录，出席会议的董事应当在会议记录上签名。

所以，在决定公司申请挂牌前，应当召开股份公司董事会会议，就决定申请挂牌事项进行表决，并形成董事会会议记录。

二、与主办券商沟通，签订推荐挂牌并持续督导协议

《业务规则》规定：申请挂牌公司应当与主办券商签订推荐挂牌并持续督导协议，按照全国股转系统公司的有关规定编制申请文件，并向全国股转系统公司申报。所以，在挂牌申请的准备阶段，申请挂牌公司应当与券商积极沟通，签订好推荐挂牌并持续督导协议。现在有资质在全国股转系统担任主办券商的有94家证券公司。然而，一些公司为了争取客户，竞相压低收费金额，甚至出现挖墙脚现象；而一些企业为了节省费用，在完成股份公司改制后，更换主办券商。这样虽然节省了费用，但会使新的主办券商不了解公司申请挂牌的准备情况，给公司申请挂牌工作带来了不必要的麻烦。

附录：

一、关于公司决定申请挂牌的董事会会议记录

（一）关于公司决定申请挂牌的董事会会议记录的内容要求

按照《公司法》的要求，合法的董事会会议决议应当符合下列条件：

1. 股份有限公司设董事会，其成员为5~19人。

2. 董事长召集和主持董事会会议，检查董事会决议的实施情况。副董事长协助董事长工作，董事长不能履行职务或者不履行职务的，由副董事长履行职务；副董事长不能履行职务或者不履行职务的，由半数以上董事共同推举一名董事履行职务。

3. 董事会会议应有过半数的董事出席方可举行。董事会作出决议，必须经全体董事的过半数通过。董事会决议的表决，实行一人一票。

4. 董事会应当对会议所议事项的决定形成会议记录，出席会议的董事应当在会议记录上签名。

5. 董事应当对董事会的决议承担责任。董事会的决议违反法律、行政法规或者公司章程、股东大会决议，致使公司遭受严重损失的，参与决议的董事对公司负赔偿责任。但经证明在表决时曾表明异议并记载于会议记录的，该董事可以免除责任。

（二）关于公司决定申请挂牌的董事会会议记录的模板

公司董事会会议记录（参考模板）

时　间：

地　点：

出席董事：

缺席董事：

主持人：

议题：审议＿＿＿股份公司决定在全国中小企业股份转让系统挂牌的决议

会议决议：

根据《公司法》和公司章程的规定，第＿＿＿届董事会第＿＿＿次会议于＿＿＿年＿＿＿月＿＿＿日＿＿＿时召开。本次会议由董事长＿＿＿召集，会议按照通知所列议项进行，会议召集、出席人数、程序等符合有关法律法规及本公司章程的规定。

经会议讨论并通过第＿＿＿届董事会第＿＿＿次会议决议，决定＿＿＿股份有限公司向全国中小企业股份转让系统申请挂牌，该申请经参加会议的公司董事投票，其中赞成票＿＿＿，反对票＿＿＿，弃权票＿＿＿，符合法律法规和公司章程的规定，该决议合法有效。

出席董事签字：

年　　月　　日

二、关于公司决定申请挂牌的股东会会议记录

（一）关于公司决定申请挂牌的股东会会议记录的内容要求

根据《公司法》的规定，股东会会议记录应包含以下内容：

1. 审议批准董事会的报告。

2. 召开股东大会会议，应当将会议召开的时间、地点和审议的事项于会议召开二十日前通知各股东；临时股东大会应当于会议召开十五日前通知各股东。

3. 股东出席股东大会会议，所持每一股份有一表决权。但是，公司持有的本公司股份没有表决权。

4. 股东大会作出决议，必须经出席会议的股东所持表决权过半数通过。但是，股东大会作出修改公司章程、增加或者减少注册资本的决议以及公司合并、分立、解散或者变更公司形式的决议，必须经出席会议的股东所持表决权的三分之二以上通过。

（二）关于公司决定申请挂牌的股东会会议记录模板

股份有限公司股东会会议记录（参考模板）

时间：

地点：

议题：申请在全国中小企业股份转让系统挂牌

主持人：

记录人：

　　＿＿＿＿＿＿＿＿＿公司关于申请在全国中小企业股份转让系统挂牌的股东会会议通知（随附本次会议议题及详细内容）已于＿＿＿年＿＿＿月＿＿＿日以书面方式（电子邮件）发送到各个股东，＿＿＿年＿＿＿月＿＿＿日在＿＿＿会议室召开。会议应到股东＿＿＿人，实到股东＿＿＿人。

　　会议就以下事项作出如下决议：

　　全体股东审议董事会关于公司在全国中小企业股份转让系统挂牌的决议，经过投票表决，同意＿＿＿公司申请在全国中小企业股份转让系统挂牌，投票情况为：同意＿＿＿票，反对＿＿＿票，弃权＿＿＿票。

　　参加股东会的股东资格、人数及表决结果符合《公司法》和《公司章程》的有关规定，此次决议合法有效。

股东签字：

年　　月　　日

三、推荐挂牌并持续督导协议书

（一）推荐挂牌并持续督导协议书应当具备的内容

　　1. 主办券商指导、督促挂牌公司完善公司治理机制，提高挂牌公司规范运作水平。

　　2. 主办券商指导、督促挂牌公司规范履行信息披露义务，事前审查挂牌公司信息披露文件，发布风险揭示公告。

　　3. 主办券商应督导挂牌公司建立健全信息披露事务管理制度，明确挂牌公司应履行的信息披露义务，信息披露的内容、格式及时间要求，挂牌公司内部对拟披露信息的报告、流转、审查、披露流程以及相关职责划分。

　　4. 主办券商应建立与挂牌公司的日常联系机制，通过现场走访、电话、电子邮件等方式及时了解挂牌公司情况，解答挂牌公司业务咨询。

　　5. 主办券商应建立健全并有效执行持续督导工作制度，包括持续督导工作职责、工作流程和内部控制机制等。

（二）推荐挂牌并持续督导协议书模板

推荐挂牌并持续督导协议书①

本协议由以下各方于＿＿＿年＿＿＿月＿＿＿日在＿＿＿＿（签约地点）签订：

甲方：　　　　　　　　　　　　　　股份有限公司

法定代表人：

住　　　所：

乙方：　　　　　　　　　　　　　　　　（主办券商）

法定代表人：

住　　　所：

　　甲方委托乙方负责推荐甲方股票在全国中小企业股份转让系统（以下简称"全国股份转让系统"）挂牌，组织编制挂牌申请文件，并指导和督促甲方诚实守信、规范履行信息披露义务、完善公司治理机制；乙方同意接受委托。

　　根据《中华人民共和国合同法》、《中华人民共和国公司法》（以下简称《公司法》）、《中华人民共和国证券法》（以下简称《证券法》）、《非上市公众公司监督管理办法》（以下简称《管理办法》）、《全国中小企业股份转让系统业务规则（试行）》（以下简称《业务规则》）、《全国中小企业股份转让系统主办券商管理细则（试行）》（以下简称《主办券商管理细则》）、《全国中小企业股份转让系统主办券商推荐业务规定（试行）》（以下简称《推荐业务规定》）、《全国中小企业股份转让系统挂牌公司信息披露细则（试行）》（以下简称《信息披露细则》）等相关规定，甲、乙双方本着平等互利原则，经充分协商，达成如下协议：

第一章　甲方的承诺及权利、义务

　　第一条　甲方基本情况：

　　（一）股份公司设立时间。

　　（二）股本总额。

　　（三）股东人数。

　　（四）股权结构。

　　（五）董事、监事、高级管理人员及其持股明细。

　　第二条　甲方就委托乙方担任推荐其公司股票在全国股份转让系统挂牌并持续督导的主办券商事宜，向乙方作出如下承诺：

　　（一）保证遵守《管理办法》《业务规则》《信息披露细则》等相关规定。

　　（二）接受乙方依据《公司法》《证券法》《管理办法》《业务规则》《推荐

业务规定》《信息披露细则》及中国证券监督管理委员会、全国中小企业股份转让系统有限责任公司（以下简称"全国股份转让系统公司"）发布的其他规定对甲方作出的督促指导，并配合乙方采取的相关措施。

（三）按照相关规定和要求修改公司章程，完善公司治理机制，确保所有股东，特别是中小股东充分行使法律、行政法规和公司章程规定的合法权利。

（四）在同等条件下，优先选择乙方为其定向发行、并购重组等提供服务。

第三条　甲方就委托乙方担任推荐其公司股票在全国股份转让系统挂牌并持续督导的主办券商事宜，享有以下权利：

（一）甲方董事、监事、高级管理人员及相关人员有权就相关业务规则获得乙方指导。

（二）甲方有权就公司治理、财务及会计制度、挂牌申请文件制作、信息披露等方面获得乙方业务指导。

第四条　甲方就委托乙方担任推荐其公司股票在全国股份转让系统挂牌并持续督导的主办券商事宜，应履行以下义务：

（一）甲方应积极配合乙方的推荐挂牌工作，向乙方提交挂牌所需文件，并保证所提交文件均真实、准确、完整、及时、有效，不存在任何虚假记载、误导性陈述或重大遗漏。

（二）甲方应于正式挂牌前完成以下工作：

1. 通知并协助股东办理股份登记、存管。

2. 核对并向乙方提交股东持股明细以及董事、监事、高级管理人员名单及持股数量。

3. 与证券登记结算机构签订证券登记服务协议，将公司全部股票进行初始登记。

（三）甲方应保证所提供的股东名册真实、准确、完整、有效，如因工作失误造成股东股权争议或纠纷的，由甲方承担全部责任。

（四）甲方应严格按照有关规定，履行信息披露义务。

（五）甲方拟披露信息须经乙方审查后在全国股份转让系统指定的信息披露平台进行披露。

（六）甲方及董事会全体成员应保证信息披露内容的真实、准确、完整，不存在任何虚假记载、误导性陈述或重大遗漏，并承担个别及连带责任。

（七）甲方披露信息，应经董事长或其授权董事签字确认；若有虚假陈述，董事长应承担相应责任。

（八）甲方及其董事、监事、高级管理人员不得利用公司内幕信息直接或间接为本人或他人谋取利益。

（九）甲方董事会秘书负责股权管理与信息披露事务；未设董事会秘书的，应指定一名信息披露事务负责人负责股权管理与信息披露事务。

董事会秘书或信息披露事务负责人为甲方与乙方之间的联络人。

（十）甲方应将董事会秘书或信息披露事务负责人的联络方式（办公电话、住宅电话、移动电话、电子信箱、传真、通信地址等）和其变更情况及时告知乙方。

（十一）董事会秘书被解聘或辞职、信息披露事务负责人被更换或辞职的，甲方应及时告知乙方。

（十二）甲方应配备信息披露必需的通信工具和计算机等办公设备，保证计算机可以连接互联网，对外咨询电话保持畅通。

（十三）甲方拟披露信息应以纸质文档（包括传真）和电子文档形式及时报送乙方，并保证电子文档与纸质文档内容一致。

（十四）甲方应于每一会计年度结束之日起四个月内编制完成并披露年度报告。公司年度财务报告须经有证券期货相关业务资格的会计师事务所审计。

（十五）甲方应于每一会计年度的上半年结束之日起两个月内编制完成并披露半年度报告。

（十六）甲方应按《信息披露细则》的规定，编制年度报告、半年度报告，并在披露前经乙方审查。

（十七）甲方应按《信息披露细则》的规定，在发生相关事项时及时编制并披露临时报告，临时报告披露前应经乙方审查。

（十八）董事长不能正常履行职责超过三个月的，甲方应及时将该事实告知乙方。

（十九）甲方发起人、控股股东、实际控制人及董事、监事、高级管理人员持有的公司股票，按相关规定在限售期间不得转让；甲方应将新任及离职董事、监事、高级管理人员名单及其持股数量在2个转让日内告知乙方，并按有关规定向乙方提出限售或解除限售申请。

（二十）甲方股东所持股票解除限售，甲方应提前（　　　）个转让日向乙方提出申请。

（二十一）甲方应积极配合乙方的问询、调查或核查，不得阻挠或人为制造障碍，并按乙方要求办理公告事宜。

（二十二）甲方应积极配合乙方的现场调查：

1. 提供必要的办公条件。

2. 保证相关人员及时提供现场调查所必需的资料，认真接受乙方调查访谈，不进行阻挠或人为制造障碍。

3. 乙方现场调查发现甲方已披露的公告存在错误、不充分或不完整情况的，甲方应及时进行更正及补充披露。

4. 积极配合乙方的整改要求，整理规范相关事项。

第二章　乙方的承诺及权利、义务

第五条　乙方就担任推荐甲方股票在全国股份转让系统挂牌并持续督导的主办券商事宜，向甲方作出如下承诺：

（一）经全国股份转让系统公司备案可以从事推荐业务。

（二）具有符合《主办券商管理细则》《推荐业务规定》规定的从事推荐业务的机构设置和人员配备。

（三）勤勉尽责、诚实守信地履行主办券商推荐职责。

第六条　乙方就担任推荐甲方股票在全国股份转让系统挂牌并持续督导的主办券商事宜，享有以下权利：

（一）乙方有权对甲方提出的公司股东所持股票限售或解除限售的申请进行审查，并向全国股份转让系统公司报备。

（二）乙方有权依据《业务规则》《信息披露细则》等规定，指导和督促甲方诚实守信、规范履行信息披露义务、完善公司治理机制。

（三）乙方有权对甲方拟披露的信息披露文件进行审查，可对甲方拟披露或已披露信息的真实性提出合理怀疑，并对相关事项进行专项调查。

（四）乙方有权根据相关规定及全国股份转让系统公司要求对甲方进行现场调查，必要时可聘请相关中介机构协助调查。

（五）甲方未规范履行信息披露等相关义务的，乙方有权要求其限期改正；拒不改正的，乙方可以发布风险揭示公告，并向全国股份转让系统公司报告。

第七条　乙方就担任推荐甲方公司股票在全国股份转让系统挂牌并持续督导的主办券商事宜，应履行以下义务：

（一）乙方应依据《业务规则》《推荐业务规定》《信息披露细则》等规定，勤勉尽责、诚实守信地履行推荐挂牌并持续督导职责，不得损害甲方的合法权益。

（二）乙方应配备符合规定的专门督导人员，负责具体履行持续督导职责。督导人员为乙方与甲方的联络人，须与甲方保持密切联系。

（三）乙方应依据《推荐业务规定》的规定，推荐甲方股票在全国股份转让系统挂牌。

（四）对甲方董事、监事、高级管理人员及相关信息披露义务人采取培训等相关措施，促使其熟悉和理解全国股份转让系统相关业务规则。

（五）乙方应督促和协助甲方及时按照《公司法》《业务规则》及其他有关规定办理股份登记、信息披露、限售登记及解除限售登记等事宜。

（六）乙方及其推荐挂牌业务人员、内核业务人员、专门持续督导人员不得泄露尚未披露的信息，不得利用所知悉的尚未披露信息直接或间接为本人或他人谋取利益。

第三章　费用

第八条　经甲方与乙方协商一致，甲方应向乙方支付下列费用：

（一）推荐挂牌费（　　）元。

（二）持续督导费（　　）元/年。

（三）其他费用（　　）元/年。

费用的支付方式和时间为（　　　　）。

第九条　甲方终止股票挂牌的，已经支付的费用不予返还。

第四章　协议的变更与解除

第十条　本协议依据《管理办法》《业务规则》《信息披露细则》等规定签订，如因相关规定修订或颁布实施新的规定而导致本协议相关条款内容与修订或新颁布的规定内容不一致的，本协议与之相抵触的有关条款自动变更，并以修订或新颁布后的规定为准，其他条款继续有效；任何一方不得以此为由解除本协议。

第十一条　出现下列情况之一，甲乙双方可以解除本协议：

（一）甲方股票挂牌申请未获全国股份转让系统公司同意。

（二）乙方不再从事推荐业务。

（三）甲方股票终止挂牌。

第十二条　除第十一条规定的情形外，甲乙双方不得随意解除本协议；确需解除协议的，应在解除前向全国股份转让系统公司报告并说明合理理由，且应有其他主办券商承接持续督导服务。

第五章　免责条款

第十三条　因不可抗力因素导致任一方损失，另一方不承担赔偿责任。

第十四条　发生不可抗力时，双方均应及时采取措施防止损失进一步扩大。

第六章　争议解决

第十五条　本协议项下产生的任何争议，各方首先应协商解决；协商解决不成的，可选择以下方式解决：

（一）仲裁。

（二）向有管辖权的人民法院提起诉讼。

第七章　其他事项

第十六条　本协议规定的事项发生重大变化或存在未尽之事宜，甲、乙双方应当重新签订协议或签订补充协议。补充协议与本协议不一致的，以补充协议为准。补充协议为本协议有效组成部分，报全国股份转让系统公司备案。

第十七条　本协议自甲、乙双方签字盖章后生效。

第十八条　本协议一式（　　）份，甲、乙双方各执（　　）份，报全国股份转让系统公司（　　）份，每份均具有同等法律效力。

（以下无正文）

甲方（盖章）：　　　　　　　　　　　乙方（盖章）：

法定代表人或授权代表（签字）：　　　法定代表人或授权代表（签字）：

第二节　主办券商推荐挂牌阶段

《全国中小企业股份转让系统主办券商推荐业务规定（试行）》（以下简称《推荐业务规定》）第二条、三条规定：主办券商与申请挂牌公司签订推荐挂牌并持续督导协议后，主办券商应对申请挂牌公司进行尽职调查和内核。同意推荐的，主办券商向全国股转系统公司提交推荐报告及其他有关文件。

一、主办券商成立项目小组，进行尽职调查

根据《推荐业务规定》的规定，主办券商前期的工作主要有以下四项：

（1）主办券商应针对每家申请挂牌公司设立专门项目小组，负责尽职调查，起草尽职调查报告，制作推荐文件等。

（2）项目小组应由主办券商内部人员组成，其成员须取得证券执业资格，其中注册会计师、律师和行业分析师至少各一名。行业分析师应具有申请挂牌公司所属行业的相关专业知识，并在最近一年内发表过有关该行业的研究报告。

（3）主办券商应在项目小组中指定一名负责人，对项目负全面责任，项目小组负责人应具备下列条件之一：①参与两个以上推荐挂牌项目，且负责财务会计事项、法律事项或相关行业事项的尽职调查工作；②具有三年以上投资银行从业经历，且具有主持境内外首次公开发行股票或者上市公司发行新股、可转换公司债券的主承销项目经历。

（4）《推荐业务规定》第九条对参加项目小组的人员也有限制规定，即有以下情况的人员不能参加项目小组：最近三年内受到中国证监会行政处罚或证券行业自律组织纪律处分；本人及其配偶直接或间接持有申请挂牌公司股份；在申请挂牌公司或其控股股东、实际控制人处任职；未按要求参加全国股转系统公司组织的业务培训；全国股转系统公司认定的其他情形。

根据证券市场的实际情况，主办券商的所谓内部律师、注册会计师、行业分析师等，往往是独立的主体，是自由职业者，一般与注册券商签订合作的协议，当主办券商有业务时，参与到项目小组之中，所以，律师、注册会计师、行业分析师等平时要多注意与主办券商的沟通，以扩展自己的业务渠道。

二、项目小组对申请挂牌公司进行业务调查

根据《全国中小企业股份转让系统主办券商尽职调查工作指引（试行）》

（以下简称《尽职调查工作指引》）的规定，主办券商的业务调查工作主要有以下六项：

（1）业务调查主要包括分析公司所处细分行业的情况和风险，调查公司商业模式、经营目标和计划。公司的商业模式是指公司如何使用其拥有的关键资源，通过有效的业务流程，形成一个完整的运行系统，并通过这一运行系统向客户提供产品或服务，满足客户需求并向客户提供了价值，从而获得收入、利润和现金流。

（2）通过搜集与公司所处行业有关的行业研究或报道，与公司管理层交谈，比较市场公开数据，搜集行业主管部门制定的发展规划、行业管理方面的法律法规及规范性文件，以及主办券商内部行业分析师的分析研究等方法，审慎、客观分析公司所处细分行业的基本情况和特有风险（如行业风险、市场风险、政策风险等）。包括但不限于：①行业所处的生命周期和行业规模；②行业与行业上下游的关系（即行业价值链的构成）；③行业的竞争程度及行业壁垒；④国家对该行业的监管体制和政策扶持或限制，以及产业政策对该行业的影响；⑤影响该行业发展的有利和不利因素。

（3）通过与公司经营管理层交谈，实地考察公司产品或服务，访谈公司客户等方法，调查公司产品或服务及其用途，了解产品种类、功能或服务种类及其满足的客户需求。包括但不限于：①产品或服务的种类；②调查每种产品的功能和用途以及特定消费群体，或服务所满足的客户需求及特定消费群体；③每种产品的技术含量（所应用的关键技术及所达到的技术指标）或服务的质量；④每种产品或服务是否向消费者提供保障（售后服务等）；⑤报告期内各期每种产品或服务的规模，需求状况及其对价格的影响；⑥各类产品或服务在公司业务中的重要性，包括在销售收入及利润中的比重，在行业中所占的市场份额和变动趋势；⑦公司对提高现有产品或服务质量、增强竞争力等方面将采取的措施以及公司新产品或服务种类的开发计划。

（4）通过实地考察、与管理层交谈、查阅公司主要知识产权文件等方法，结合公司行业特点，调查公司业务所依赖的关键资源，包括但不限于：①公司独特的、可持续的技术优势（包括分析主要产品或服务的核心技术、可替代性以及核心技术的保护措施等）。②研发能力和技术储备（包括分析公司的研发机构和研发人员情况、研发费用投入占公司业务收入的比重、自主技术占核心技术的比重等）。③商标、专利、非专利技术等无形资产的数量、取得情况、实际使用情况、使用期限或保护期、最近一期末账面价值、存在纠纷情况等。④取得的业务许可资格或资质情况。⑤特许经营权（如有）的取得、期限、费用标准。⑥提供产品或服务时所使用的主要设备和固定资产的情况。⑦公司高级管理人员与核心技术（业务）人员的简要情况，主要包括：姓名、国籍等基本信息，职业经历（参加工作以来的职业及职务情况），曾经担任的重要职务及任期，现任职务及任期，根据其业务经历、行业或专业背景，评价高级管理人员的经验和能力，整体评价整个管理团队是否有互补性。⑧调查公司管理层及核心技术（业务）人员的薪酬，持股情况和激励政策（包括股权激励）。最近两年上述人员的主要变动情况、原因和对公司经营的影响，了解公司为稳定上述人员已采取或拟采取的措施，并评价管理层及核心技术（业务）人员的稳定性。⑨公司的员工情况，主要包括：员工人数、年龄和工龄结构、任职分布、学历学位结构、地域分布等。⑩其他体现所处行业或业态特征的资源要素。⑪在公司所处细分行业中，从公司的技术优势、产品的技术指标或服务的标准要求、研发投入能力和技术储备、专利数量等方面，分析公司与竞争对手及潜在竞争对手之间的优劣势。如果竞争对手的信息不存在，可分析公司与行业平均水平相比的优劣势。

（5）通过查阅公司业务制度、实地考察企业经营过程涉及的业务环节、对主要供应商和客户访谈等方法，结合公司行业特点，了解公司关键业务流程。包括但不限于：①供应链及其管理，公司对供应商的依赖程度及存在的经营风险；②主要产品的生产流程或服务流程、生产工艺、质量控制、安全生产等；③营销体系，包括销售方式、是否有排他性销售协议等壁垒、市场推广计划、客户管理，公司对客户的依赖程度及存在的风险；④核心产品或服务的研发流程、周期以及更新换代计划；⑤根据产业链分工情况，调查公司是否将营运环节交给利益相关者，如有，阐明其合作关系或商业联盟关系以及风险利益分配机制；⑥重要资本投资项目（如规模化生产、重要设备投资等）的投资流程，包括投资决策机制、可行性和投资回报分析等；⑦其他体现所处行业或业态特征的业务环节。

（6）通过查阅商业合同，走访客户和供应商等方法，结合对公司产品或服务、关键资源和关键业务流程的调查，了解公司如何获得收益。包括但不限于：①收入构成情况，包括产品或服务的规模、定价方式和依据；收入变化情况和影响其变化的原因；②成本结构及其变动情况和变动原因；③分析每种产品或服务的毛利率及其变动趋势和变动原因；④公司的现金流情况，尤其是与经营活动有关的现金流量，即经营的现金收入是否能抵补有关支出；⑤在公司所处的细分行业中，分析比较公司与竞争对手之间在产品或服务分布、成本结构、营销模式和产品或服务毛利率等方面的优劣势，并预估公司在细分行业的发展趋势（主要地区或市场的占有率及其变化）。如果竞争对手的信息不存在，可分析公司与行业平均水平相比的优劣势。

三、项目小组对申请挂牌公司进行公司治理方面调查

根据《尽职调查工作指引》的规定，进行公司治理尽职调查应包括以下内容：

（1）通过查阅公司章程，了解公司组织结构，查阅股东大会、董事会、监

事会（以下简称"三会"）有关文件，调查公司三会的建立健全及运行情况，说明上述机构和人员履行职责的情况，关注公司章程和三会议事规则是否合法合规，是否建立健全投资者关系管理制度，是否在公司章程中约定纠纷解决机制。

（2）调查公司治理机制的执行情况并出具核查意见，调查内容包括但不限于：①是否依据有关法律法规和公司章程发布通知并按期召开三会；会议文件是否完整，会议记录中时间、地点、出席人数等要件是否齐备，会议文件是否归档保存；会议记录是否正常签署；②董事会和监事会是否按照有关法律法规和公司章程及时进行换届选举；③董事会是否参与了公司战略目标的制定，检查其执行情况；董事会对管理层业绩进行评估的机制和执行情况；④涉及关联董事、关联股东或其他利益相关者应当回避的，公司是否建立了表决权回避制度，检查其执行情况；⑤监事会是否正常发挥作用，是否具备切实的监督手段，包括职工代表监事履行职责的情况；⑥三会决议的实际执行情况，未能执行的会议决议，相关执行者是否向决议机构汇报并说明原因。

（3）调查公司股东的情况，核实公司股东股权的合法性和真实性，包括但不限于：①通过查阅公司股权结构图、股东名册、公司重要会议记录、决议以及公司历次股权变动的相关文件，调查公司的股权结构，股东持股比例（包括直接和间接持股比例），以及直接或间接持股是否存在质押或其他有争议的情况，判断公司控股股东及实际控制人。②通过查阅具有资格的中介机构出具的验资报告，咨询公司律师或法律顾问，询问管理层和会计人员，到工商行政管理部门查询公司注册登记资料，调查公司股东的出资是否及时到位，出资方式是否符合有关法律、法规的规定。通过查阅资产评估报告，询问资产评估机构等方法，对以实物、工业产权、非专利技术、土地使用权等非现金资产出资的，调查所使用的评估方法与评估值的合理性。③调查公司股东之间是否存在关联情况，股东中是否有专业投资机构以及其参与公司治理的情况。④调查公司管理层及核心技术人员的持股情况和所持股份的锁定情况。

（4）调查公司董事、监事的简要情况，主要包括：姓名、国籍及境外居留权、性别、年龄、学历、职称；职业经历（参加工作以来的职业及职务情况）；曾经担任的重要职务及任期；现任职务及任期；本人及其近亲属持有公司股份的情况；是否存在对外投资与公司存在利益冲突的情况。

（5）调查公司与控股股东、实际控制人及其控制的其他企业在业务、资产、人员、财务和机构方面的分开情况，判断其独立性，包括但不限于：①通过查阅公司组织结构文件，结合公司的生产、采购和销售记录考察公司的产、供、销系统，分析公司是否具有完整的业务流程、独立的生产经营场所以及供应、销售部门和渠道，通过计算公司的关联采购额和关联销售额分别占公司当期采购总额和销售总额的比例，分析是否存在影响公司独立性的重大或频繁的关联方交易，判断公司业务独立性。②通过查阅相关会议记录、资产产权转移合同、资产交接手续和购货合同及发票，确定公司固定资产权属情况；通过查阅房产证、土地使用权证等权属证明文件，了解公司的房产、土地使用权、专利与非专利技术及其他无形资产的权属情况；关注金额较大、期限较长的其他应收款、其他应付款、预收及预付账款产生的原因及交易记录、资金流向等；判断公司资产独立性。调查公司最近两年内是否存在资产被控股股东、实际控制人及其控制的其他企业占用情形，或者为控股股东、实际控制人及其控制的其他企业提供担保的情形；调查公司为防止股东及关联方资金占用或者转移公司资金、资产及其他资源的行为所采取的措施和相应的制度安排；对不存在以上情形的，应取得公司的说明，并根据调查结果判断公司资产独立性。③通过查阅股东单位员工名册及劳务合同、公司工资明细表、公司福利费缴纳凭证、与管理层及员工交谈，取得高级管理人员的书面声明等方法，调查公司高级管理人员从公司关联企业领取报酬及其他情况，调查公司员工的劳动、人事、工资报酬以及相应的社会保障是否完全独立管理，判断其人员独立性。④通过与管理层和相关业务人员交谈，查阅公司财务会计制度、银行开户资料、纳税资料等方法，调查公司会计核算体系，财务管理和风险控制等内部管理制度的建立健全情况，并判断公司财务独立性。⑤通过实地调查、查阅股东大会和董事会决议关于设立相关机构的记录、查阅各机构内部规章制度，了解公司的机构是否与控股股东完全分开且独立运作，是否存在混合经营、合署办公的情形，是否完全拥有机构设置自主权等，判断其机构独立性。

（6）调查公司与控股股东、实际控制人及其控制的其他企业是否存在同业竞争。通过询问公司控股股东、实际控制人，查阅营业执照，实地走访生产或销售部门等方式，调查公司控股股东、实际控制人及其控制的其他企业的业务范围，从业务性质、客户对象、可替代性、市场差别等方面判断是否与公司从事相同、相似业务，从而构成同业竞争。对存在同业竞争的，要求公司就其合理性作出解释，并调查公司为避免同业竞争采取的措施以及作出的承诺。

（7）调查公司对外担保、重大投资、委托理财、关联方交易等重要事项的政策及制度安排，调查决策权限及程序等规定，并核查最近两年的执行情况，包括对上述事项的决策是否符合股东大会、董事会的职责分工，对该事项的表决是否履行了公司法和公司章程中规定的程序，以及决策是否得到有效执行。取得管理层就公司对外担保、重大投资、委托理财、关联方交易等事项的情况、是否符合法律法规和公司章程的规定，及其对公司影响的书面声明。

（8）调查公司管理层的诚信情况，取得经公司管理层签字的关于诚信状况的书面声明，书面声明至少包括以下内容：①最近两年内是否因违反国家法律、行政法规、部门规章、自律规则等受到刑事、民事、行政处罚或纪律处分；②是否存在因涉嫌违法违规行为处于调查之中尚无定论的情形；③最近两年内是否对所任职（包括现任职和曾任职）公司因重大违法违规行为而被处罚负有责任；④是否存在个人负有数额较大债务到期未清偿的情形；⑤是否有欺诈或其他不诚实行为等情况。

通过查询中国人民银行征信系统、工商行政管理部门的企业信用信息系统等公共诚信系统，咨询税务部门、公司贷款银行等部门或机构，咨询公司律师或法律顾问，查阅相关记录以及其他合理方式，核实公司管理层是否存在不诚信行为的记录，评价公司管理层的诚信状况。

四、项目小组对申请挂牌公司进行财务方面调查

根据《尽职调查工作指引》的规定，项目小组进行财务方面调查的工作主要有：

（1）通过考察控制环境、风险识别与评估、控制活动与措施、信息沟通与反馈、监督与评价等基本要素，评价公司内部控制制度是否充分、合理、有效。

（2）通过与公司管理层及员工交谈，查阅公司规章制度等方法，调查公司是否建立会计核算体系、财务管理和风险控制等制度，确保公司财务报告真实可靠及行为合法合规。

（3）通过与公司管理层及员工交谈，查阅董事会、总经理办公会等会议记录，查阅公司规章制度等方法，评价公司是否有积极的控制环境：包括考察董事会是否负责批准并定期审查公司的经营战略和重大决策、确定经营风险的可接受水平；考察高级管理人员是否执行董事会批准的战略和政策，以及高级管理人员和董事会间的责任、授权和报告关系是否明确；考察管理层是否促使公司员工了解公司内部控制制度并在其中发挥作用等。

（4）通过与公司管理层交谈、查阅公司相关规章制度和风险评估报告等，考察管理层为识别和评估对公司实现整体目标有负面影响的风险因素所建立的制度或采取的措施，评价公司风险识别与评估体系的有效性。

（5）通过与公司管理层及主要业务流程所涉及部门的负责人交谈，查阅业务流程相关文件，了解业务流程和其中的控制措施，包括授权与审批、复核与查证、业务规程与操作程序、岗位权限与职责分工、相互独立与制衡、应急与预防等措施。项目小组应选择一定数量的控制活动样本，采取验证、观察、询问、重新操作等测试方法，评价公司的内部控制措施是否有效实施。

（6）通过与公司管理层和员工交谈，查阅公司相关规章制度等，评价信息沟通与反馈是否有效，包括公司是否建立了能够涵盖其全部重要活动，并对内部和外部信息进行搜集和整理的有效信息系统，以及公司是否建立了有效的信息沟通和反馈渠道，确保员工能充分理解和执行公司政策和程序，并保证相关信息能够传达到应被传达到的人员。

（7）通过与公司管理层及内部审计部门交谈，采用询问、验证、查阅内部审计报告和监事会报告等方法，考察公司内部控制监督和评价制度的有效性。

（8）调查公司在报告期内的主要会计政策和会计估计是否有针对性地结合了公司的业务特点，是否起到有效防范公司特有财务风险的作用。

（9）在上述调查基础上，听取注册会计师意见，评价公司现有内部控制制度在合理保证公司遵守现行法律法规、提高经营效率、保证财务报告的可靠性等方面的效果，关注内部控制制度的缺陷及其可能导致的财务和经营风险。

（10）通过调查公司的财务风险，综合评价公司财务风险和经营风险，判断公司财务状况是否良好。可通过以下方法调查公司的财务风险：根据经审计的财务报告，分析公司最近两年一期的主要财务指标，并对其进行逐年比较。主要包括毛利率、净资产收益率（包括扣除非经常性损益后净资产收益率）、基本每股收益、稀释每股收益、每股净资产、每股经营活动产生的现金流量净额、资产负债率（以母公司报表为基础）、流动比率、速动比率、应收账款周转率和存货周转率等。除特别指出外，上述财务指标应以合并财务报表的数据为基础进行计算。相关指标的计算应执行中国证监会的有关规定。

（11）在此基础上，分析公司的盈利能力、长短期偿债能力、营运能力及获取现金能力，综合评价公司财务风险和经营风险，判断公司财务状况是否良好。各项财务指标与同行业公司平均水平相比有较大偏离的，或各项财务指标及相关会计项目有较大变动或异常的，应分析原因并进行重点调查。

（12）根据经审计的财务报告，对公司收入、成本、费用的配比性进行分析性复核。通过分析公司收入、成本、费用的变动趋势、比例关系等，比较同行业其他公司的情况，评价公司收入与成本、费用，成本、费用与相关资产摊销等财务数据之间的配比或钩稽关系是否合理。对明显缺乏合理的配比或钩稽关系的事项，应要求公司管理层作出说明。

（13）调查公司应收款项的真实性、准确性、完整性和合理性。查阅公司应收账款明细资料，结合公司行业特点和业务收入状况等因素，评价应收账款余额及其变动是否合理。抽查大额应收账款，调查其真实性、收回可能性及潜在的风险。

（14）取得公司其他应收款明细资料，了解大额其他应收款余额的形成原因，分析其合理性、真实性、收回可能性及潜在的风险。核查大额预付账款产生的原因、时间和相关采购业务的执行情况。调查应收票据取得、背书、抵押和贴现等情况，关注由此产生的风险。分析公司应收款项账龄，评价账龄的合理性，了解账龄较长款项的形成原因及公司采取的措施，查核公司是否按规定提取坏账准备、提取是否充分。

（15）调查公司存货的真实性、准确性、完整性和合理性。通过查阅公司存货明细资料，结合生产循环特点，分析原材料、在产品、产成品余额之间的比例及其变动是否合理。通过实地查看存货，评估其真实性和完整性。分析比较公司存货账龄，评价账龄是否合理，了解是否有账龄较长的存货，查核公司是否按规定提取存货跌价准备、提取是否充分。

（16）调查公司投资的真实性、准确性、完整性和合理性。通过与公司管理层及相关负责人交谈，了解公司投资的决策程序、管理层对投资风险及其控制所采取的措施，重点关注风险较大的投资项目。采用与公司管理层交谈，查阅股东大会、董事会、总经理办公会等会议记录，查阅投资合同，查阅账簿、股权或债权投资凭证等方法，调查公司长短期投资的计价及收益确认方法是否符合会计准则的相关规定。关注公司对纳入合并财务报表范围子公司的投资核算方法是否恰当。听取注册会计师的意见，关注影响子公司财务状况的重要方面，评价其财务报表信息的真实性。

（17）调查公司固定资产和折旧的真实性、准确性、完整性和合理性。通过查阅公司经审计的财务报告，询问会计人员，了解公司固定资产的计价政策、固定资产折旧方法、固定资产使用年限和残值率的估计，评价相关会计政策和估计是否符合会计准则的相关规定。通过查阅账簿、实地查看等方法，考察公司固定资产的构成及状况。根据公司固定资产折旧政策，对固定资产折旧进行重新计算。分析累计折旧占固定资产原值的比重，判断固定资产是否面临淘汰、更新、大修、技术升级等情况，并评价其对公司财务状况和持续经营能力的影响程度。关注公司购建、处置固定资产等是否履行了必要的审批程序，手续是否齐全。

（18）调查公司无形资产的真实性、准确性、完整性和合理性。通过查阅公司经审计的财务报告、询问会计人员，了解公司无形资产的计价政策、摊销方法、摊销年限，评价相关会计政策和估计是否符合会计准则的相关规定，判断其合理性。通过查阅投资合同、资产评估报告、资产权属证明、账簿等方法，对股东投入的无形资产，评价无形资产的入账价值是否有充分的依据，关注投资方取得无形资产的方式是否合法；对公司购买的无形资产，关注出售方与公司是否存在关联方关系，无形资产定价是否合理；对公司自行开发的无形资产，关注其确认时间和价值是否符合会计准则的相关规定。关注处置无形资产是否履行了必要的审批程序，手续是否齐全。当预计某项无形资产已经不能带来未来经济效益时，关注公司是否已将该项无形资产的账面价值予以转销。

（19）调查公司资产减值准备的真实性、准确性、完整性和合理性。通过查阅公司经审计的财务报告、询问会计人员等方法，了解公司各项资产减值准备的计提方法是否符合会计准则的相关规定，依据是否充分，比例是否合理。采用重新计算、分析等方法，考察公司资产减值准备的计提情况是否与资产质量状况相符。关注公司资产减值准备的计提、冲销和转回等是否履行了必要的审批程序，计提方法和比例是否随意变更，金额是否异常，分析是否存在利用资产减值准备调节利润的情形。

（20）调查公司历次资产评估情况。通过查阅公司董事会决议，相关的资产评估报告，与公司相关业务人员交谈，咨询专业资产评估机构，调查公司自成立之日起的历次资产评估情况，包括资产评估的原因及相关用途；资产评估机构的名称及主要评估方法，资产评估前的账面值，评估值及增减情况，增减变化幅度较大的，应说明原因。

（21）调查公司应付款项的真实性、准确性、完整性和合理性。查阅公司应付账款明细资料，结合公司行业特点和业务状况等因素，评价应付账款余额及其变动是否合理。抽查大额应付账款，调查其真实性、产生的原因、时间和相关采购业务的执行情况。核查应付票据的产生以及票据的利息核算，关注由此产生的风险。分析公司应付账款和其他应付款账龄的合理性，了解账龄较长款项的形成原因及公司采取的措施。

（22）调查公司收入的真实性、准确性、完整性和合理性。通过询问会计人员，查阅银行存款、应收账款、收入等相关账簿，查阅公司销售商品或提供劳务的合同、订单、发出商品或提供劳务的凭证、收款凭证、发票、增值税、关税等完税凭证、销售退回凭证等，了解公司的收入确认会计政策是否符合会计准则的相关规定，核查公司是否虚计收入、是否存在提前或延迟确认收入的情况；了解公司收入构成，分析公司产品的价格、销量等影响因素的变动情况，判断收入是否存在异常变动或重大变动，并调查原因。关注公司销售模式对其收入确认的影响及是否存在异常。

（23）调查公司成本的真实性、准确性、完整性和合理性。通过查阅公司的生产流程管理文件和财务文件，与公司业务人员、会计人员访谈等方法，了解公司生产经营各环节的成本核算方法和步骤，确认公司的成本核算方法是否与业务情况相符，报告期内是否发生变化；取得公司主要产品或服务的成本明细表，分析产品或服务的单位成本构成情况，并结合公司生产经营情况、市场和同行业企业情况（如原材料市场价格、燃料和动力的耗用量、员工工资水平等），判断公司成本的合理性；关注公司是否存在未及时结转成本的情况。

（24）调查公司广告费、研发费用、利息费等费用项目的真实性、准确性、完整性和合理性。通过查阅重要广告合同、付款凭证等，分析广告费的确认时间和金额是否符合会计准则的相关规定，关注公司是否存在提前或延迟确认广告费的情况。查阅账簿、凭证，询问相关业务人员等，调查公司是否存在将研究费用资本化的不合理情况。通过查阅资本支出凭证、利息支出凭证、开工证明等资料，现场查看固定资产购建情况，重新计算利息费用等方法，调查公司利息费用资本化的情况是否符合会计准则的相关规定。对计入当期损益的利息费用，通过查阅借款合同、资金使用合同、利息支出凭证，重新计算等方法，调查公司利息费用是否真实、完整，关注逾期借款利息、支付给关联方的资金使用费等，评价公司是否存在财务费用负担较重的风险以及有关利息费用支付合同的有效性和公允性。

（25）调查公司非经常性损益的真实性、准确性、完整性和合理性。取得公司非经常性损益明细表，计算非经常损益及其占利润总额的比例，对非经常性损益占利润总额比例较高的，应通过查阅相关事项法律文件、审批记录、账簿、凭证、合同等方法，分析相关损益同公司正常经营业务的关联程度以及可持续性，判断其对公司财务状况和经营成果的影响。

（26）调查公司最近两年的股利分配政策、实际股利分配情况以及公司股票公开转让后的股利分配政策。

（27）调查公司合并财务报表。通过查阅公司及其子公司经审计的财务报告，结合对公司投资事项的调查，了解公司与其子公司的股权关系，调查公司合并范围的确定及变动是否合理、公司与其子公司会计期间和会计政策是否一致及不一致时的处理是否符合相关规定、尽职调查所涵盖期间内合并范围是否发生变动，评价公司合并财务报表合并抵销的内容和结果是否准确。对于纳入合并范围的子公司，应对其财务状况按照本指引的要求一并进行调查。

（28）核查注册会计师对公司财务报告的审计意见。通过查阅审计报告，核实注册会计师对公司财务报告出具的审计意见类型。如审计意见为带强调事项段的无保留意见，应要求公司董事会和监事会对审计报告涉及事项的处理情况作出说明，并关注该事项对公司的影响是否重大、影响是否已经消除、违反公允性的事项是否已予纠正。

（29）公司最近两年更换会计师事务所的，项目小组应通过咨询会计人员、查阅会议记录、取得公司管理层说明等方法，调查公司更换会计师事务所的原因，履行审批程序情况，以及前后任会计师事务所的专业意见情况等。

五、项目小组对申请挂牌公司进行关联交易方面的调查

根据《尽职调查工作指引》的规定，项目小组进行关联交易方面调查的工作主要有：

（1）调查公司的关联方、关联方关系及关联方交易，说明相应的决策权限、决策程序、定价机制等情况，并根据交易的性质和频率，分别评价经常性和偶发性关联交易对公司财务状况和经营成果的影响。

（2）通过与公司管理层交谈、查阅公司股权结构图和组织结构图、查阅公司重要会议记录和重要合同等方法，确认公司的关联方及关联方关系。

（3）通过与公司管理层、会计机构和主要业务部门负责人交谈、查阅账簿和相关合同、听取律师及注册会计师意见等方法，调查公司关联方交易的以下内容：①决策是否按照公司章程或其他规定履行了必要的审批程序，尤其是定价是否公允，与市场独立第三方价格是否有较大差异。如有，管理层应说明原因。②来自关联方的收入占公司主营业务收入的比例、向关联方采购额占公司采购总额的比例。③关联方的应收、应付款项余额分别占公司应收、应付款项余额的比

例是否较高，关注关联方交易的真实性和关联方应收款项的可收回性。④关联方交易产生的利润占公司利润总额的比例是否较高。⑤关联方交易有无大额销售退回情况。如有，关注其对公司财务状况的影响。⑥是否存在关联方关系非关联化的情形，例如，与非正常业务关系单位或个人发生的偶发性或重大交易，缺乏明显商业理由的交易，实质与形式明显不符的交易，交易价格、条件、形式等明显异常或显失公允的交易，应当考虑是否为虚构的交易、是否实质上是关联方交易、该交易背后是否还有其他安排。⑦关联方交易存在的必要性和持续性，以及减少和规范关联交易的具体安排。

六、项目小组对申请挂牌公司进行合法合规方面的调查

根据《尽职调查工作指引》的规定，项目小组对申请挂牌公司进行合法合规方面的调查有以下内容：

（1）调查公司设立及存续情况：①通过查阅公司的设立批准文件、营业执照、公司章程、工商变更登记资料、工商年检等文件，判断公司设立、存续的合法性，核实公司设立、存续是否满两年。②调查公司历次股权变动的情况，包括转让协议，转让价格、资产评估报告（如有），新股东所取得的各种特殊权利（如优先清算权、优先购买权、随售权等），此次转让后变更的公司章程以及董事会的变化情况。③主办券商应对有限责任公司整体变更为股份有限公司（以下简称"改制"）进行重点调查，调查内容包括：查阅公司改制的批准文件、营业执照、公司章程、工商登记资料等文件，判断公司改制的合法合规性；查阅审计报告、验资报告等，调查公司改制时是否以变更基准日经审计的原账面净资产额为依据，折合股本总额是否不高于公司净资产；通过咨询公司律师或法律顾问，查阅董事会和股东会决议等文件，调查公司最近两年内主营业务和董事、高级管理人员是否发生重大变化，实际控制人是否发生变更，如发生变化或变更，判断对公司持续经营的影响。

（2）调查公司最近两年股权变动的合法合规性以及股本总额和股权结构是否发生变化。

（3）调查公司最近两年是否存在重大违法违规行为。通过咨询公司律师或法律顾问，查阅已生效的判决书、行政处罚决定书以及其他能证明公司存在违法违规行为的证据性文件，判断公司是否存在重大违法违规行为。通过询问公司管理层，查阅公司档案，向税务部门等查询，了解公司是否有违法违规记录。

（4）通过与公司股东或股东的法定代表人交谈，查阅工商变更登记资料等，调查公司股份是否存在转让限制的情形，并取得公司股东或股东的法定代表人的股份是否存在质押等转让限制情形、是否存在股权纠纷或潜在纠纷的书面声明。

（5）调查公司主要财产的合法性，是否存在法律纠纷或潜在纠纷以及其他

争议。通过查阅公司房产，土地使用权，商标、专利、版权、特许经营权等无形资产，以及主要生产经营设备等主要财产的权属凭证、相关合同等资料，咨询公司律师或法律顾问的意见，必要时进行实地查看，重点关注公司是否具备完整、合法的财产权属凭证，商标权、专利权、版权、特许经营权等的权利期限情况，判断是否存在法律纠纷或潜在纠纷。

（6）调查公司的重大债务，重点关注将要履行、正在履行以及虽已履行完毕但可能存在潜在纠纷的重大合同的合法性、有效性；是否有因环境保护、知识产权、产品质量、劳动安全、人身权等原因产生的债务；以及公司金额较大的其他应付款是否因正常的生产经营活动发生，是否合法。

（7）调查了解公司的纳税情况是否符合法律、法规和规范性文件的要求。通过询问公司税务负责人，查阅公司税务登记证，了解公司及其控股子公司执行的税种、税率，查阅公司的纳税申报表、税收缴款书、税务处理决定书或税务稽查报告等资料，关注公司纳税情况是否符合法律、法规和规范性文件的要求，公司是否存在拖欠税款的情形，是否受过税务部门的处罚。

（8）通过查阅公司有关税收优惠、财政补贴的依据性文件，判断公司享受优惠政策、财政补贴是否合法、合规、真实、有效。

（9）调查公司环境保护和产品质量、技术标准是否符合相关要求。通过询问公司管理层及相关部门负责人，咨询公司律师或法律顾问，取得公司有关书面声明等，关注公司生产经营活动是否符合环境保护的要求，是否受过环境保护部门的处罚；公司产品是否符合有关产品质量及技术标准，是否受过产品质量及技术监督部门的处罚。

（10）通过对公司控股股东、实际控制人、董事、监事、高级管理人员、核心技术（业务）人员访谈，询问公司律师或法律顾问，核查公司是否存在违约金或诉讼、仲裁费用的支出，走访公司住所地的法院和仲裁机构等方法，调查公司是否存在重大诉讼、仲裁和其他重大或有事项，分析该等已决和未决诉讼、仲裁与其他重大或有事项对公司的重大影响，并取得管理层对公司重大诉讼、仲裁和其他重大或有事项情况及其影响的书面声明。

七、完善尽职调查工作底稿

根据《尽职调查工作指引》的规定：尽职调查工作底稿（以下简称"工作底稿"），是指项目小组在尽职调查过程中获取和制作的、与推荐挂牌业务相关的各种工作记录和重要资料的总称。对工作底稿有以下的要求：

（1）工作底稿应真实、准确、完整地反映所实施的尽职调查工作，并应成为出具尽职调查报告、推荐报告的基础。工作底稿是评价项目小组是否诚实守信、勤勉尽责地开展尽职调查工作的重要依据。

（2）主办券商及相关人员对工作底稿中的未公开披露信息负有保密责任。

（3）凡对项目小组履行尽职调查职责有重大影响的文件资料及信息，均应作为工作底稿予以留存。公司子公司对公司业务经营或财务状况有重大影响的，主办券商应参照《尽职调查工作指引》，根据重要性和合理性原则对该子公司单独编制工作底稿。

（4）工作底稿包括工作记录和附件，其中工作记录用于记录调查过程、调查内容、方法和结论等；附件是项目小组取得或制作的、能够证明所实施的调查工作、支持调查结论的相关资料，是进一步说明工作记录的支撑性文件；附件应直接附于工作记录之后。

（5）工作底稿应内容完整、格式规范、记录清晰、结论明确。工作记录内容至少包括：公司名称、调查事项的时间或期间、调查人员、调查日期、调查地点、调查过程、调查内容、方法和结论、其他应说明的事项等。工作底稿应有调查人员及与调查相关人员的签字。对于从公司或第三方取得并经确认的相关资料，除注明资料来源外，调查人员还应实施必要的调查程序，形成相应的调查记录和必要的签字。

（6）对于取得的附件，如为公司出具的，应要求公司加盖公章；如为第三方出具的，应由第三方加盖公章；如第三方无法加盖公章，应由公司加盖公章，以确认与原件一致。对于访谈笔录，应由访谈人和被访谈人签字确认。项目小组成员自行制作的附件，项目小组成员应签字确认。

（7）工作底稿可以纸质文档、电子文档或者其他介质形式的文档留存，其中重要的工作底稿应采用纸质文档的形式。以纸质以外的其他介质形式存在的工作底稿，应以可独立保存的形式留存。

（8）主办券商应对工作底稿建立统一目录以便于查阅与核对。工作底稿中的工作记录和附件均应标有索引编号。索引编号应统一规范、清晰有序。工作底稿各章节之间应有明显的分隔标识。相关工作底稿之间，应保持清晰的钩稽关系。相互引用时，相关工作底稿上应交叉注明索引编号。

（9）主办券商应建立工作底稿管理制度，明确工作底稿收集整理的责任人员、归档保管流程、借阅程序与检查办法等。工作底稿的纸质与电子文档保存期不少于十年。

第三节　向全国中小企业股份转让系统公司申报材料阶段

主办券商完成尽职调查工作之后，应当会同申请挂牌公司以及其他的中介机构，就该公司在新三板挂牌提交申请材料。

一、申请材料接收要求

根据《全国中小企业股份转让系统申请材料接收须知》的要求，上报申请材料应当满足下列条件：

（1）接收服务窗口地址：北京市西城区金融大街丁 26 号金阳大厦南门一层。

（2）接收服务窗口工作时间为每个交易日的 8：30—11：30，13：30—17：00。

（3）接收服务窗口咨询电话：010 - 63889513。

（4）服务大厅是公司对外接收材料的窗口，统一负责材料接收、法定文件发送等工作。目前公司仅接收现场报送材料，不接收以邮寄、传真等非现场方式提交的材料。

（5）报送申请材料和领取公文时，出具单位介绍信、身份证（附身份证复印件）等身份证明文件。如受他人委托报送申请材料和领取公文时，应提交相关授权委托书及受托人身份证明文件。

（6）申请材料接收后，公司接收服务窗口将为申请人开具《申请材料接收确认单》，并于当日将所接收申请材料移交相关部门。

（7）根据要求应当提供申报材料原件而不能提供的，应提供复印件，并由申请人律师提供鉴证意见，或由出文单位盖章，以保证与原件一致。申请人在每次报送书面原件的同时，应按公司要求报送相应份数的复印件和标准电子文件。电子文件应以光盘形式提交。

（8）申请材料应统一编制目录，按目录标明页码，并以 A4 纸打印、硬壳文件夹装订。申请文件章节之间应有明显的分隔标识。报送材料首页应列明公司经办人员和有关中介机构的姓名（或名称）和联系电话。文件夹立面应注明公司名称和所办事项。

（9）申请书应当以公司红头文件印制，由公司法定代表人签发。

（10）中介机构出具的专项报告，应附有签字律师、会计师、评估师及其所在机构的证券从业资格证书复印件，该复印件须由该机构盖章确认并说明用途。法律意见书应由律师事务所负责人和两名经办律师签字。

二、挂牌申请文件内容与格式的要求

《全国中小企业股份转让系统挂牌申请文件内容与格式指引（试行）》规定，申请挂牌公司申请股票在全国股转系统挂牌，申请文件应符合下列要求：

（1）指引规定的申请文件目录是对挂牌申请文件的最低要求。

（2）申请文件一经接收，非经全国股转公司同意，不得增加、撤回或更换。

（3）申请时股东人数未超过 200 人的股份公司报送申请文件应提交原件一份，复印件两份；申请时股东人数超过 200 人的股份公司报送申请文件应提交原件一份（单行本）。每次报送书面文件的同时，应报送一份与书面文件一致的电子文件（WORD、EXCEL、PDF 及全国股份转让系统公司要求的其他文件格式）。

（4）申请挂牌公司不能提供有关文件原件的，应由申请挂牌公司律师提供鉴证意见，或由出文单位盖章，以保证与原件一致。

（5）申请文件所有需要签名处，均应为签名人亲笔签名，不得以名章、签名章等代替。

（6）申请文件中需要由申请挂牌公司律师鉴证的文件，申请挂牌公司律师应在该文件首页注明"以下第××页至第××页与原件一致"，并签名和签署鉴证日期，律师事务所应在该文件首页加盖公章，并在第××页至第××页侧面以公章加盖骑缝章。

（7）申请挂牌公司应根据全国股转系统公司对申请文件的反馈意见提供补充材料。相关中介机构应对反馈意见相关问题进行尽职调查或补充出具专业意见。对公开转让说明书修改或补充的，应进行标示。

（8）申请文件的封面和侧面应标有"××公司股票挂牌申请文件"字样，扉页应标明申请挂牌公司法定代表人、信息披露事务负责人，主办券商主管领导、项目负责人，以及相关中介机构项目负责人姓名、电话、传真等联系方式。

（9）申请文件章与章之间、章与节之间应有明显的分隔标识，文件中的页码应与目录中的页码相符。

（10）申请文件应采用标准 A4 纸张双面印刷（需提供原件的历史文件除外）。

（11）未按指引要求制作和报送申请文件的，全国股转系统公司不予接收。

三、要求披露的文件的申请文件目录

（1）公开转让说明书（申报稿）。

（2）财务报表及审计报告。

（3）法律意见书。

（4）公司章程。

（5）主办券商推荐报告。

（6）股票发行情况报告书（如有）。

四、不要求披露的文件

（1）向全国股转系统公司提交的申请股票在全国股转系统挂牌及股票发行

（如有）的报告。

（2）有关股票在全国股份转让系统挂牌及股票发行（如有）的董事会决议。

（3）有关股票在全国股份转让系统挂牌及股票发行（如有）的股东大会决议。

（4）企业法人营业执照。

（5）股东名册及股东身份证明文件。

（6）董事、监事、高级管理人员名单及持股情况。

（7）申请挂牌公司设立时和最近两年及一期的资产评估报告。

（8）申请挂牌公司最近两年原始财务报表与申报财务报表存在差异时，需提供差异比较表。

（9）申请挂牌公司全体董事、监事和高级管理人员签署的《董事/监事/高级管理人员声明及承诺书》。

（10）主办券商与申请挂牌公司签订的推荐挂牌并持续督导协议。

（11）尽职调查报告。

（12）尽职调查工作文件。

（13）尽职调查工作底稿目录、相关工作记录和经归纳整理后的尽职调查工作表。

（14）有关税收优惠、财政补贴的依据性文件。

（15）历次验资报告。

（16）对持续经营有重大影响的业务合同。

（17）内核意见。

（18）内核机构成员审核工作底稿。

（19）内核会议记录。

（20）对内核会议反馈意见的回复。

（21）内核专员对内核会议落实情况的补充审核意见。

（22）主办券商推荐挂牌内部核查表及主办券商对申请挂牌公司风险评估表。

（23）主办券商自律说明书。

（24）主办券商业务备案函复印件（加盖机构公章并说明用途）及项目小组成员任职资格说明文件。

（25）申请挂牌公司全体董事、主办券商及相关中介机构对申请文件真实性、准确性和完整性的承诺书。

（26）相关中介机构对纳入公开转让说明书等文件中由其出具的专业报告或意见无异议的函。

（27）申请挂牌公司、主办券商对电子文件与书面文件保持一致的声明。

（28）律师、注册会计师及所在机构的相关执业证书复印件（加盖公章说明用途）。

（29）国有资产管理部门出具的国有股权设置批复文件及商务主管部门出具的外资股确认文件。

（30）证券简称及证券代码申请书。

附录：

一、申请股票公开转让法律意见书模板

（一）法律意见书要求具有的内容

根据《全国中小企业股份转让系统股票发行业务指引第 4 号——法律意见书的内容与格式（试行)》的规定，法律意见书应当具备下列内容：

1. 股份公司申请挂牌的实质条件：依法设立且存续满两年；业务明确，具有持续经营能力；公司治理机制健全，合法规范经营。

2. 公司申请挂牌的授权和批准，这部分中只需要就公司内部形成的关于决定挂牌决议的合法有效性进行确认。

3. 股权明晰，股票发行和转让行为合法合规。

4. 主办券商推荐并持续督导。

5. 股份公司的设立及工商变更：在这部分中律师应当就公司的发起程序、条件、方式，改制前后的历史沿革，工商变更登记事项等信息进行说明。

6. 律师需就申请挂牌公司的业务、资产、人员、机构、财务、自主经营能力等方面来核实公司的独立性。

7. 对发起人、股东、实际控制人的主要情况主要是从资格、出资情况、人数、住所、占总股本比例等方面进行说明。

8. 对申请挂牌公司设立初起时的出资情况、历次增资情况、股权部分或整体的变更以及股份是否存在质押等信息进行说明。

9. 如果申请挂牌公司设有分支机构，则应对分支机构的基本情况，包括分公司负责人、住址、经营范围、改制前后的名称变化等予以说明。

10. 对申请挂牌公司经营范围的前后变更、主营业务及持续经营能力等进行说明。

11. 对申请挂牌公司的主要关联方、关联交易往来情况及其对公司的影响，公司与控股股东、实际控制人及其控制的企业之间是否存在同业竞争，以及公司控股股东、实际控制人所作出的避免同业竞争的承诺的合法有效性进行确认。

12. 对申请挂牌公司的主要财产、财产的权属状况、财产的所有权或使用权上是否有受限制情况等进行说明。

13. 对申请挂牌公司正在履行和即将履行的重大合同，重大借款和担保，重

大侵权之诉，重大应收、应付款等事项作出审核说明。

14. 对申请挂牌公司自设立后至出具法律意见书之日间是否发生过合并、分立、兼并、增减注册资本、资产转换、重大资产收购或出售等行为进行审核说明。

15. 对申请挂牌公司三会的议事规则及所作的相关决议是否合法合规、真实有效作出整体说明。

16. 对申请挂牌公司的董事、监事和高级管理人员的任职资格及变化等情况进行审核说明。

17. 对申请挂牌公司依法纳税情况的说明。

18. 对申请挂牌公司的劳动保护方面说明。

19. 对申请挂牌公司，公司主要股东、董事、监事、高级管理人员等主体发生过的诉讼、仲裁及行政处罚进行核查。

20. 对本次股权报价转让的推荐主办券商与申请挂牌公司及其股东之间是否存有影响其公正履行推荐职责的关联关系进行核查说明。

（二）法律意见书模板

法律意见书（参考模板）

目　录

第一部分　释义
第二部分　律师声明事项
第三部分　正文
一、本次挂牌的批准和授权
二、本次挂牌的主体资格
三、本次挂牌的实质条件
四、公司的设立
五、公司的独立性
六、发起人和股东
七、公司的股本及演变
八、公司的业务
九、关联交易及同业竞争
十、公司的主要财产
十一、公司的重大债权债务
十二、公司重大资产变化和收购兼并
十三、公司章程的制定与修改

十四、公司股东大会、董事会、监事会议事规则及规范运作

十五、公司董事、监事和高级管理人员及其变化

十六、公司的税务和政府补助

十七、公司的环境保护和产品质量、技术等标准

十八、公司的劳动用工

十九、诉讼、仲裁或行政处罚

二十、本次挂牌的推荐机构

二十一、结论意见

法律意见书

第一部分　释义

略。

第二部分　律师声明事项

略。

第三部分　正文

一、本次挂牌的批准和授权

股东大会批准本次挂牌

公司于____年____月____日召开创立大会，审议通过了《关于____股份有限公司申请进入全国中小企业股份转让系统挂牌及纳入非上市公众公司监管的议案》《关于提请股东大会授权董事会全权办理____股份有限公司申请进入全国中小企业股份转让系统挂牌相关事宜的议案》和《关于____股份有限公司申请股票在全国中小企业股份转让系统挂牌并进行公开转让时采取协议转让方式的议案》。

本所律师认为，本次挂牌已依据相关法律、法规、规范性文件及《公司章程》规定的法定程序获得公司股东大会的有效批准，股东大会决议内容合法、有效；公司股东大会授权董事会办理本次挂牌相关事宜，授权程序合法有效。股份公司本次挂牌已获得股份公司内部必要的批准和授权。

二、本次挂牌的主体资格

2.1 主体资格

公司设立时公司名称为"____"，于____年____月____日在____工商行政管理局注册成立。____年____月____日，____整体变更为"____股份有限公司"（公司及其前身的设立、历次变更及整体变更为股份有限公司详见本法律意见书正文"七、公司的股本及演变"相关内容）。

2.2 公司的营业执照

公司持有____工商行政管理局于____年____月____日核发的统一社会信用代码为____的《营业执照》，该营业执照登记事项如下：

名　　称：____股份有限公司

类　　型：股份有限公司（非上市）

住　　所：

法定代表人：

注册资本：

成立日期：

营业期限：

经营范围：

经本所律师核查公司持有的统一社会信用代码为____的《营业执照》和现行有效的《公司章程》，公司是合法存续的股份有限公司，公司历次股东（大）会亦未作出过解散公司的决定。

综上所述，本所律师认为，公司为依法设立并合法存续的股份有限公司，截至出具本法律意见书之日，公司没有依据法律、法规、规范性文件和《公司章程》的规定需要终止的情形，具备本次挂牌的主体资格。

三、本次挂牌的实质条件

3.1 公司依法设立且存续满两年

公司是由____按照经审计的原账面净资产值折股整体变更设立的股份有限公司，其设立方式符合《中华人民共和国公司法》（以下简称《公司法》）的相关规定，其设立过程已经由____工商行政管理局核准，且持有其核发的《营业执照》。

根据____于____年____月____日出具的《验资报告》，____的股本已由各发起人缴足，系由____截至____年____月____日的净资产折股投入，共计____万股，每股面值____元。

公司是由____按经审计的原账面净资产值整体折股变更设立的股份有限公司。根据《全国中小企业股份转让系统业务规则（试行）》（以下简称《业务规则》），其存续期间可以从____成立之日起计算。____成立于____年____月____日，因此，公司自____成立之日起至本法律意见书出具之日，已持续经营两个完整会计年度以上。

因此，本所律师认为，公司符合《业务规则》第2.1条第（一）项的规定。

3.2 公司主营业务明确，具备持续经营能力

公司主要从事____。公司主营业务明确且在最近两年及一期内的主要收入均来自其主营业务。

公司现有主营业务符合国家产业政策，且公司现有生产经营活动满足国家在

环境保护、产品质量等方面的相关规定。

根据公司的工商资料，公司在最近两年内保持持续经营，具有面向市场独立开展生产经营的能力，不存在可预见的运营风险。

根据《全国中小企业股份转让系统股票挂牌条件适用基本标准指引（试行）》（以下简称《基本标准指引》）第二款持续经营能力的相关规定，公司不存在以下情况：未能在每一个会计期间内形成与同期业务相关的持续营运记录、报告期连续亏损且业务发展受产业政策限制、报告期期末净资产额为负数以及其他可能导致对持续经营能力产生重大影响的事项或情况。

经本所律师核查，截至本法律意见书出具之日，公司不存在依据《公司法》规定解散的情形，或法院依法受理重整或者破产申请的情形，其持续开展经营活动不存在法律障碍。

综上所述，本所律师认为，截至本法律意见书出具之日，公司的业务明确，生产经营符合法律、行政法规和公司章程的规定，符合国家产业政策，具有持续经营能力，符合《业务规则》第2.1条第（二）项和《基本标准指引》第二条的规定。

3.3 公司治理机制健全，合法规范经营

公司已依法完善了法人治理结构，成立了股东大会、董事会、监事会____，制定了____等公司治理制度，相关机构和人员能够依法履行职责。

根据____等主管机关出具的证明，公司依法开展各项经营业务，公司在最近24个月内不存在违反国家法律、行政法规、规章的行为，不存在受到刑事处罚或因存在违法、违规情形而受到行政处罚。

公司控股股东、实际控制人已出具承诺，确认其在最近24个月内不存在以下情形：受到刑事处罚；受到与公司规范经营相关的行政处罚，且情形严重；涉嫌犯罪被司法机关立案侦查，尚未有明确结论意见。

根据公司的确认并经本所律师核查，最近24个月内，公司不存在因违反相关法律、行政法规而受到行政处罚且情节严重的情形。

综上所述，本所律师认为，截至本法律意见书出具之日，公司的治理机制健全，合法规范经营，符合《业务规则》第2.1条第（三）项及《基本标准指引》第三条的规定。

3.4 公司股权明晰，股票发行和转让行为合法合规

公司系由____整体变更设立，根据公司整体变更的相关工商登记资料并经本所律师适当核查，截至本法律意见书出具之日，公司的股权清晰，现有股东具有法律、法规规定的作为股份有限公司股东的资格，公司股权明晰，不存在权属争议或潜在纠纷。

经本所律师适当核查，截至本法律意见书出具之日，公司在最近3个月内不

存在未经法定机关核准，擅自公开或者变相发行过证券的情形。公司现有股本
____万股，全部由现有股东认购。

综上所述，本所律师认为，截至本法律意见书出具之日，公司股权明晰，股
票发行和转让行为合法合规，符合《业务规则》第2.1条第（四）项及《基本
标准指引》第四条的规定。

3.5 主办券商推荐并持续督导

公司与____签订《持续督导协议》，根据该协议的约定，公司委托____负责
推荐公司股份在全国中小企业股份转让系统挂牌，并明确了____对公司负有持续
督导的义务，本所律师认为，公司符合《业务规则》第2.1条第（五）项及
《基本标准指引》第五条的规定。

综上所述，本所律师认为，公司申请本次挂牌符合《公司法》《业务规则》①
《基本标准指引》等法律、法规和规范性文件中规定的各项实质性条件。

四、公司的设立

4.1 公司设立的程序、资格、条件和方式

公司于____年____月____日注册成立。____成立后，经历次增资、股权转让
等事宜，详见本法律意见书"七、公司的股本及演变"相关内容。

4.1.1 公司设立的程序

____年____月____日，____出具了《审计报告》，截至____年____月____日，
____净资产为____元。

____年____月____日，____出具了《评估报告》，截至____年____月____日，
____净资产评估值为____元。

____年____月____日，____股东会决议决定，公司按照截至____年____月
____日的经审计的账面净资产____元折成股份，公司股本为____万股，每股面值
为____元，净资产高于股本部分____元计入资本公积金，将____整体变更为股份
有限公司，注册资本为____万元。公司不存在以资本溢价以外的资本公积金转增
股本情形。

____年____月____日，____股东作为发起人签署了《关于____整体变更为
____股份有限公司（筹）之发起人协议书》。

____年____月____日，____对公司设立时的注册资本认缴情况进行了审验，
出具了《验资报告》，全体股东出资到位。

____年____月____日，公司召开创立大会暨____年第一次临时股东大会。

____年____月____日，公司取得____工商行政管理局核发的《营业执照》。

4.1.2 公司设立的资格

---

① 《全国中小企业股份转让系统业务规则（试行）》第二章第2.1条、2.2条。

____整体变更为股份有限公司时的股东为____，且上述自然人股东在中国境内有住所，法人、合伙企业股东注册地均为中国。

____年____月____日，____工商行政管理局核发的《企业名称变更预先核准通知书》，预先核准公司名称变更为____股份有限公司。

公司建立了符合股份有限公司要求的组织机构，截至公司成立之日，公司已建立起包括股东大会、董事会、监事会及总经理在内的内部治理机制，内部治理必备机制健全。

公司成立时登记了法定住所，为____，拥有固定的生产经营场所和必要的生产经营条件。

4.1.3 公司设立的方式

公司系采取由有限责任公司以经审计的账面净资产值折股整体变更的方式设立股份有限公司，其设立方式符合《公司法》及《业务规则》的规定。

4.1.4 公司设立的核准

____年____月____日，公司取得了____工商行政管理局核发的统一社会信用代码为____的《营业执照》。

综上所述，本所律师认为，公司的设立程序、资格和方式符合法律、法规和规范性文件的规定，并取得了工商登记管理部门的核准，公司依法设立。

4.2 改制重组合同

经本所律师核查，公司的全体发起人于____年____月____日签署《关于____整体变更为____股份有限公司（筹）之发起人协议书》。该协议约定了股份有限公司的发起人、组织形式、股份有限公司的名称、住所、经营范围、股份总额、各发起人认购股份数额、股份种类及面值、发起人的权利和义务等内容。

本所律师认为，《关于____整体变更为____股份有限公司（筹）之发起人协议书》的内容符合法律、法规和规范性文件的规定，并经全体发起人有效签署，公司设立行为合法合规，不存在潜在纠纷。

4.3 公司设立过程中的审计、资产评估及验资

经本所律师核查，____在股份有限公司设立时聘请中介机构并出具下列文件：

____年____月____日，____出具了《审计报告》，截至____年____月____日，公司净资产为____元。

____年____月____日，____出具了《评估报告》，截至____年____月____日，公司净资产评估值为____元。

____年____月____日，____出具了《验资报告》，截至____年____月____日，公司收到全体股东缴纳的注册资本合计____万元。

综上所述，本所律师认为，公司已经按照《公司法》及其他法律、法规和

规范性文件的规定，聘请有证券从业资格的审计机构、评估机构及验资机构，在公司设立过程中进行了必要的审计、评估等程序，符合法律、法规及规范性文件的规定。

4.4 创立大会暨____年第一次临时股东大会

经本所律师核查，公司于____年____月____日召开了创立大会暨____年第一次临时股东大会，会议审议通过了《关于____股份有限公司筹建工作报告》《关于设立____股份有限公司的议案》《____股份有限公司章程》《____股份有限公司股东大会议事规则》等议案，选举产生了公司第一届董事会成员及股东代表出任的监事会成员候选人。

经本所律师核查公司创立大会的会议通知、议案、表决票、决议及会议记录等文件，本所律师认为，公司的创立大会暨____年第一次临时股东大会的召集及召开程序等符合有关法律、法规规定，公司创立大会所形成的决议合法、有效。

五、公司的独立性

5.1 公司的业务独立

根据本所律师核查，公司的业务独立于控股股东、实际控制人及其控制的其他企业。公司与其控股股东（实际控制人）及其所控制的其他企业不存在同业竞争。

根据公司提供的相关资料并经本所律师合理核查，公司内部设置了____等部门。公司具有独立开展生产研发能力，具有独立的产品产销体系，公司经营业务独立，不存在对外部机构或企业严重依赖的情况。

本所律师认为，截至本法律意见书出具之日，公司具有完整的业务体系和直接面向市场独立经营的能力，且业务独立。

5.2 公司的资产独立完整

公司拥有的资产权属清晰，并由公司享有全部权利，不存在与公司股东资产混同或权属不清晰的情况。____整体变更为股份有限公司，____出具《验资报告》，确认各发起人股东均已出资到位。

根据公司提供的相关资产权属证书、《审计报告》及本所律师合理核查，公司根据相关法律、法规的规定为其需要登记资产办理了权属登记手续，该资产不存在权属纠纷。股份公司设立后，____名下的专利、商标、著作权等资产尚需变更到股份公司名下。股份公司系由____整体变更而来，前述产权的权属变更不存在法律上的障碍，股份公司的主要资产不存在重大权属纠纷。

本所律师认为，截至本法律意见书出具之日，公司的资产独立完整。

5.3 公司的人员独立

根据《公司章程》，股份公司董事会由____名董事组成，监事会由____名监事组成，高级管理人员为总经理、副总经理、董事会秘书、财务总监。股份公司董事、监事和高级管理人员均通过合法程序产生，符合《公司法》和公司章程的规定。

股份公司的总经理、副总经理、董事会秘书、财务总监等高级管理人员均在公司领取薪酬。股份公司的财务人员均为专职，未在控股股东、实际控制人控制的其他企业中兼职。

本所律师认为，截至本法律意见书出具之日，公司的人员独立。

5.4 公司的机构独立

公司具有独立的股东大会、董事会和监事会，这三个机构具有较为完善的议事规则，其实际运行亦符合《公司章程》和各自相关议事规则的规定（详见本法律意见书正文"十四、公司股东大会、董事会、监事会议事规则及规范运作"部分）。

公司已根据自身需要形成健全的职能部门，该等职能部门独立履行职能，不存在被公司控股股东（实际控制人）及其控制的其他企业干预的情形，与公司控股股东（实际控制人）及其控制的其他企业的职能部门不重叠，也不存在上下级的从属关系。

本所律师认为，截至本法律意见书出具之日，公司的机构独立。

5.5 公司的财务独立

股份公司设立了独立的财务部门，有独立的财务会计人员，建立了独立的财务核算体系，能够独立作出财务决策，具有规范的财务会计制度和财务管理制度。股份公司拥有独立的银行账户，不存在与控股股东、实际控制人及其控制的其他企业共用银行账户的情形。

股份公司独立办理税务登记，进行独立核算并独立纳税，不存在为其股东或其他关联企业缴纳税款的情形。

股份公司独立做出财务决策，不存在控股股东干预公司资金使用的情况，不存在以资产、权益或信誉为各股东提供担保的情况，不存在资产、资金被其控股股东占用而损害公司和其他股东利益的情况。

本所律师认为，截至本法律意见书出具之日，公司的财务独立。

本所律师认为，公司与控股股东、实际控制人及其控制的其他企业在业务、资产、人员、机构、财务方面完全分开，公司业务独立、资产完整、人员独立、机构独立、财务独立，在独立性方面也不存在其他严重缺陷，具有面向市场自主经营的能力，符合《公司法》等法律、法规、规范性文件对公司独立性的要求。

六、发起人和股东

6.1 发起人及股东的合法存续及出资资格

经核查，____设立时的发起人共____名，其中自然人____名，法人____名，有限合伙企业____名。具体情况如下：

6.1.1 自然人

姓名____，性别____，民族____，出生日期____，住址为____，身份证号码为____。

截至本法律意见书出具之日，____持有公司____股股份，占总股本的____%。根据本所律师对公司的股东名册及公司置备于工商机关的登记资料进行查阅的结果，____拥有的公司股权不存在质押、司法查封或其他可能导致所有权行使受到限制的情形。

6.1.2 非自然人股东

____的基本情况如下：

统一社会信用代码：　　　　　　　　　　名　称：

类型：　　　　　　　　　　　　　　　　住所：

法定代表人：　　　　　　　　　　　　　注册资本：

经营范围：　　　　　　　　　　　　　　成立日期：

营业期限：　　　　　　　　　　　　　　股权结构：

截至本法律意见书出具之日，____持有公司____股股份，占公司股本总额的____%。根据本所律师对公司的股东名册及公司置备于工商机关的登记资料进行查阅的结果，____拥有的公司股权不存在质押、司法查封或其他可能导致所有权行使受到限制的情形。

6.2 公司的控股股东和实际控制人

经本所律师核查，____为公司控股股东，____为公司实际控制人。

公司控股股东、实际控制人的认定依据如下：

6.3 控股股东及实际控制人的变动情况

6.4 发起人投入公司的资产

____整体变更为股份有限公司时，各发起人出资均已实际到位，发起人对公司出资不存在法律障碍。

根据____出具的《验资报告》，公司整体变更设立时，各股东出资均已实际到位。各股东投入的资产已由公司实际占有、使用和收益，公司资产的产权关系明晰，各股东对公司出资不存在法律障碍。

七、公司的股本及演变

7.1 公司设立及历次变更

7.1.1 ____的设立

7.1.2 ____历次变更情况

八、公司的业务

8.1 公司的经营范围

公司的上述经营范围已在____工商行政管理局登记备案，符合法律、法规和规范性文件的规定。经本所律师核查，公司不存在超越经营范围进行经营的情况，公司的经营范围符合有关法律、法规和规范性文件的规定。

8.1.1 公司的经营范围变更

8.2 公司的业务情况

公司主要从事____

8.3 公司及子公司资质情况

8.3.1 公司开展业务所需的资质及许可

8.4 中国大陆以外区域经营情况

8.5 公司的主营业务

本所律师认为，公司的主营业务突出。

九、关联交易及同业竞争

9.1 关联方与关联关系

根据公司的确认及本所律师核查，公司的关联方主要如下：

9.1.1 公司的实际控制人

9.1.2 持股 5% 以上的股东

9.1.3 公司董事、监事和高级管理人员

9.1.4 公司的全资子公司

9.1.5 其他关联方

9.2 关联交易

根据《审计报告》，报告期内，公司与关联方重大的关联交易如下：

9.2.1 关联采购

9.2.2 关联担保

9.2.3 关联方资产转让

9.2.4 关联方往来

9.3 公司关联交易决策程序

9.4 避免关联交易的措施

公司全体股东及公司董事、监事、高级管理人员出具了《避免关联交易承诺函》，作出如下承诺：

本承诺出具后，本人将尽可能避免与公司及其控股子公司之间的关联交易。

对于无法避免或者因合理原因发生的关联交易，本人将严格遵守《公司法》等有关法律、法规及《公司章程》《关联交易决策制度》等规范性文件，保证关联交易的公允性。

本人承诺不通过关联交易损害公司及其他股东的合法权益。

本所律师认为，公司已在《公司章程》和《关联交易决策制度》等内部制度中制定了关联交易公允决策办法，可以有效地保护公司及股东利益，该规定符合有关法律、法规和规范性文件的规定。

9.5 同业竞争

9.5.1 公司与控股股东、实际控制人及其控制的其他企业不存在同业竞争

经核查，截至本法律意见书出具之日，公司控股股东、实际控制人及其控制的其他企业均未从事与公司相同或相类似的业务，公司与控股股东、实际控制人及其控制的其他企业不存在同业竞争。

9.5.2 避免同业竞争的措施

为避免同业竞争，维护公司及全体股东的利益，公司控股股东、实际控制人出具了《避免同业竞争承诺函》，作出如下声明、承诺和保证：

本人/本公司除已经披露的情形外，目前不存在直接或间接控制其他企业的情形。本人/本公司从未从事或参与与股份公司存在同业竞争的行为，与股份公司不存在同业竞争。为避免与股份公司产生新的或潜在的同业竞争，本人/本公司承诺如下：

本人/本公司及本人/本公司控股或参股的公司或者企业（附属公司或附属企业）目前没有直接或间接地从事任何与公司所从事的业务构成同业竞争的业务活动。

本人/本公司承诺，在今后的任何时间将不会直接或间接地以任何方式（包括但不限于独资、合资、合作和联合）参与或进行与公司所从事的业务有实际性竞争或可能有实际性竞争的业务活动。

本人/本公司保证，除公司外，本人/本公司现有或将来成立的附属公司或附属企业将不会直接或间接地以任何方式（包括但不限于独资、合资、合作和联合）参与或进行与公司所从事的业务有实际性竞争或可能有实际性竞争的业务活动。

本人/本公司及本人/本公司的附属公司或附属企业如违反上述声明、承诺与保证，愿向有关方承担相应的经济赔偿责任。

本所律师认为，公司控股股东、实际控制人所作出的上述承诺对其具有法律约束力，上述人员已经采取了有效措施避免同业竞争的发生。

十、公司的主要财产

10.1 房屋租赁

10.2 商标权

10.3 专利权

10.4 公司拥有的著作权

10.5 公司拥有的域名

公司域名登记表

序号	域名	域名注册人	到期时间

本所律师经合理核查后认为，公司上述知识产权不存在权利瑕疵、权属争议纠纷或权属不明的情形；公司不存在知识产权纠纷的诉讼或仲裁；公司系由____整体变更而来，公司设立前由____名义持有或申请的相关权属证书或证明将由公司承继，不存在潜在法律风险。

十一、公司的重大债权债务

11.1 重大合同

11.1.1 销售合同

11.1.2 采购合同

11.1.3 贷款及担保合同

11.2 侵权之债

十二、公司重大资产变化和收购兼并

12.1 公司设立至今合并、分立、增资扩股、减少注册资本的情况

12.1.1 公司设立至今历次增资的情况

12.1.2 公司最近二年重大资产收购和兼并

十三、公司章程的制定与修改

13.1 公司章程的制定与修改

____年____月____日，公司召开创立大会暨____年第一次临时股东大会，经全体发起人审议，一致通过了《____股份有限公司章程》。经本所律师核查，该章程的内容符合现行法律、法规和规范性文件的规定，并参照中国证监会颁布的相关规范性文件，结合公司当时非上市股份公司的特点而制定的。

本所律师认为，公司章程的制定已履行法定程序，并进行了相应备案登记，符合《公司法》及其他有关法律、法规及规范性文件的规定，内容合法、有效。

13.2 公司现行有效的章程

本所律师认为，公司现行有效的《公司章程》的内容符合法律、法规和规范性文件的规定，并且系经公司股东大会审议批准，已在____工商行政管理局登记备案。

十四、公司股东大会、董事会、监事会议事规则及规范运作

14.1 公司的组织机构

经本所律师核查，公司的组织机构由____构成。

股东大会为公司的最高权力机构，由全体股东组成。

董事会为公司经营决策机构，由____名董事组成。公司董事由股东大会选举产生，董事会对股东大会负责，负责实施股东大会决议。

监事会为公司的监督机构，由____名监事组成，其中____名由股东大会选举产生，____名由职工代表大会选举产生。

总经理负责公司的日常经营管理，总经理由董事会聘任。公司目前聘有总经理____名，另聘有副总经理____名和财务总监____名。

本所律师认为，公司的组织机构健全、清晰，其设置体现了分工明确、相互制约的治理原则，并且符合法律、法规和规范性文件的规定。

14.2 公司股东大会、董事会、监事会的议事规则

＿＿年＿＿月＿＿日，公司创立大会暨＿＿年第一次临时股东大会审议通过了《股东大会议事规则》《董事会议事规则》和《监事会议事规则》。

本所律师认为，公司依法建立健全的股东大会、董事会和监事会议事规则，上述规则的内容符合法律、法规、规范性文件和《公司章程》的规定。

14.3 公司历次股东大会、董事会、监事会会议

截至本法律意见书出具之日，股份公司共召开了＿＿次股东大会会议，股东大会会议召开情况如下：

创立大会暨＿＿年第一次临时股东大会审议通过＿＿议案。

截至本法律意见书出具之日，股份公司共召开了＿＿次董事会会议，董事会会议召开情况如下：

董事会会议召开情况记录表

序号	会议名称	会议决议内容	召开时间

截至本法律意见书出具之日，股份公司共召开了＿＿次监事会会议，监事会会议召开情况如下：

监事会会议召开情况记录表

序号	会议名称	会议决议内容	召开时间

经核查股份公司股东大会会议、董事会会议、监事会会议的会议资料，本所律师认为，股份公司历次股东大会会议、董事会会议、监事会会议的召开程序、出席会议人员的资格、表决方式、表决程序、决议内容及签署均符合《公司法》和《公司章程》的规定，公司股东大会对董事会的授权和重大决策行为合法、合规、真实、有效。

十五、公司董事、监事和高级管理人员及其变化

15.1 公司董事、监事和高级管理人员的任职资格

15.1.1 公司董事会成员

董事基本情况

15.1.2 公司监事会成员

监事基本情况

15.1.3 公司高级管理人员

高级管理人员基本情况

本所律师认为，公司现任董事、监事和高级管理人员均具有必要的任职资质，其当选董事、监事或接受聘任为高级管理人员的过程均履行了必要的法定程序，公司现任董事、监事和高级管理人员的任职不存在法律瑕疵。

15.2 公司近两年董事、监事和高级管理人员的变化情况

经本所律师核查，公司董事、监事和高级管理人员近两年的变化情况如下：

本所律师认为，公司在最近两年一期的董事、监事和高级管理人员的变化情况未构成重大变化，变化过程合法合规，对本次股票挂牌未造成重大影响。

十六、公司的税务和政府补助

16.1 公司报告期内执行的税种、税率

税种、税率表

税种	计税依据	税率（％）

16.2 公司所享受的税收优惠和政府补助

16.2.1 公司享受的税收优惠

16.2.2 公司享受的政府补助

16.3 公司依法纳税，不存在税收违法行为

十七、公司的环境保护和产品质量、技术等标准

17.1 公司的环境保护

17.2 产品质量和技术等标准

17.3 安全生产许可

十八、公司的劳动用工

十九、诉讼、仲裁或行政处罚

二十、本次挂牌的推荐机构

二十一、结论意见

综上所述，本所律师认为，公司具备申请在全国中小企业股份转让系统挂牌的条件，不存在影响挂牌的重大法律障碍。公司本次公开转让尚需取得全国中小企业股份转让系统有限公司同意挂牌的审查意见。

本法律意见书正本一式____份，经本所负责人及经办律师签字并加盖本所公章后生效。

（以下无正文，下接签署页）

二、控股股东守法声明函

____有限公司
控股股东及实际控制人声明函

本人/本公司现为____股份有限公司（以下简称"股份公司"）的控股股东及实际控制人。声明人现就相关事项声明如下：

声明人作为股份公司控股股东及实际控制人，确认在____年以来，不存在以下情形：

（1）受到刑事处罚。

（2）受到与公司规范经营相关的行政处罚，且情形严重。

（3）涉嫌犯罪被司法机关立案侦查，尚未有明确结论意见。

声明人作为股份公司控股股东及实际控制人，目前不存在尚未了结的或可预见的重大诉讼、仲裁及行政处罚案件的情况。

声明人作为股份公司控股股东及实际控制人，承诺未来不以任何方式占用股份公司及其控股子公司的资金、资产或其他资源，并且将在合法权限内促使其直接或间接控制的其他企业及关系密切的家庭成员履行上述避免资金占用承诺。

声明人（签字）：
年　　月　　日

三、董事、监事、高级管理人员承诺函

____股份有限公司
董事、监事、高级管理人员承诺函

1. 本人作为____股份有限公司的董事、监事、高级管理人员，符合法律、行政法规和规章规定的任职资格，且不存在下列情形：

（1）被中国证监会采取证券市场禁入措施尚在禁入期的。

（2）最近24个月内受到中国证监会行政处罚，或者最近12个月内受到证券交易所公开谴责。

（3）因涉嫌犯罪被司法机关立案侦查或者涉嫌违法违规被中国证监会立案调查，尚未有明确结论意见。

2. 本人作为____股份有限公司董事、监事、高级管理人员，目前不存在尚未了结的任何类型的重大诉讼、仲裁、刑事诉讼及其他司法或行政处罚案件或者其他足以影响____股份有限公司本次在全国中小企业股份转让系统公开转让股票的事项。

3. 本人作为＿＿股份有限公司董事、监事、高级管理人员，目前不存在潜在及可预见的任何类型的重大诉讼、仲裁、刑事诉讼及其他司法或行政处罚案件。

4. 本人作为＿＿股份有限公司董事、监事、高级管理人员，除＿＿股份有限公司《公开转让说明书》《法律意见书》中披露的对外投资、兼职外，不存在其他对外投资及兼职情形。

本人自愿作出上述承诺，上述承诺为本人真实意思表示，本人愿为上述承诺承担相应的法律责任。

特此承诺。

承诺人（签字）：

年　　月　　日

四、核心技术人员声明

声明

本人作为＿＿股份有限公司核心技术人员，声明如下：

1. 本人不存在违反竞业禁止约定、法律规定、保密协议的情形，不存在有关上述事项的纠纷或潜在纠纷；不存在侵犯原任职单位知识产权、商业秘密纠纷或潜在纠纷。

2. 本人不存在尚未了结的或可预见的重大诉讼、仲裁及行政处罚案件。

3. 本人最近 24 个月内不存在重大违法违规行为。

特此声明。

声明人（签字）：

年　　月　　日

五、股东关于出资的承诺函

关于出资等事宜的承诺函

本人＿＿现为＿＿股份有限公司（以下简称"股份公司"）的股东，特就相关事项承诺如下：

一、出资事宜

承诺人具有担任股份公司股东的主体资格。承诺人认购所持有的股份公司股份的资金均为承诺人自行筹集，上述出资中不存在境外非法入境资金，不存在非法社团的资助资金。承诺人持有的股份公司的股份不存在变相集资、受托为他人代为出资的情况，亦不存在委托他人代为持有股份公司股份的情况。承诺人持有的股份公司的股份已切实履行了法律规定的出资义务，不存在出资不实或者抽逃出资的行为。承诺人持有的股份公司的股份真实、合法、完整，不存在法律纠纷或潜在法律纠纷，不存在质押、被司法机关冻结等任何使承诺人行使股东权利受到限制的情形。目前，未有针对承诺人持有股份公司的股份所产生的任何法律纠纷，亦不存在发生潜在纠纷的可能。如因为承诺人的上述原因对股份公司产生不利影响，承诺人将对股份公司及其他股东由此所受的损失负赔偿责任。

二、重大诉讼、仲裁及行政案件

截至目前，承诺人不存在尚未了结的任何类型的重大诉讼、仲裁、刑事诉讼及其他司法或行政处罚案件；截至目前，承诺人不存在潜在及可预见的任何类型的重大诉讼、仲裁、刑事诉讼及其他司法或行政处罚案件；承诺人作为股份公司的股东，自＿＿年＿＿月＿＿日以来不存在违法违规行为，亦不存在被相关主管机关处罚的情形。

三、对外投资

承诺人作为股份公司的股东，除股份公司《公开转让说明书》《法律意见书》中披露的对外投资关系外，不存在任何对其他企业的投资情形。

四、关联关系

承诺人与股份公司的其他股东、董事、监事、高级管理人员之间没有关联关系。

承诺人自愿作出上述承诺，上述承诺为承诺人真实意思表示，承诺人愿为上述承诺承担相应的法律责任。

承诺人（签字）：

年　月　日

六、股东关于股权转让的承诺函

＿＿股份有限公司

股东关于股权转让的声明

本人＿＿为＿＿股份有限公司（以下简称"股份公司"）的股东，就股份公司前身＿＿有限责任公司的股权转让事项作出如下声明与承诺：

涉及本人在＿＿有限责任公司存续期间签订的与本人有关的《股权转让协议》，股权转让均已由公司股东会审议通过，并完成股权转让变更登记，转让双方就股权转让签订的《股权转让协议》约定的转让价款全部已结清，均对股权权属无争议，不存在任何纠纷。

声明人（签字）：

年　月　日

七、避免同业竞争承诺函

避免同业竞争承诺函

本人/本公司作为____公司（以下简称"股份公司"）的股东，除已经披露的情形外，目前不存在直接或间接控制其他企业的情形。本人/本公司从未从事或参与与股份公司存在同业竞争的行为，与股份公司不存在同业竞争。为避免与股份公司产生新的或潜在的同业竞争，本人/本公司承诺如下：

本人/本公司及本人/本公司控股或参股的公司或者企业（附属公司或附属企业）目前没有直接或间接地从事任何与公司所从事的业务构成同业竞争的业务活动。

本人/本公司承诺，在今后的任何时间将不会直接或间接地以任何方式（包括但不限于独资、合资、合作和联合）参与或进行与公司所从事的业务有实际性竞争或可能有实际性竞争的业务活动。

本人/本公司保证，除本公司外，本人/本公司现有或将来成立的附属公司或附属企业将不会直接或间接地以任何方式（包括但不限于独资、合资、合作和联合）参与或进行与公司所从事的业务有实际性竞争或可能有实际性竞争的业务活动。

本人/本公司及本人/本公司的附属公司或附属企业从任何第三者获得的任何商业机会与公司所从事的业务有实际性竞争或可能有实际性竞争，则本人/本公司将立即通知公司，并尽力将该商业机会让与公司。

本人/本公司及本人/本公司的附属公司或附属企业如违反上述声明、承诺与保证，愿向有关方承担相应的经济赔偿责任。

本声明、承诺与保证将持续有效，直至本人/本公司不再对公司有重大影响为止。

本声明、承诺与保证可被视为对公司及其他股东共同或分别作出的声明、承诺与保证。

谨此承诺，本表所填内容不含虚假成分，现签字/盖章确认。

承诺人（签字）：
年　　月　　日

八、避免关联交易承诺函

避免关联交易承诺函

对于无法避免或者因合理原因发生的关联交易，本企业将严格遵守《公司法》等有关法律、法规及《公司章程》《关联交易决策制度》等规范性文件，遵循等价、有偿、公平交易的原则，履行合法程序并订立相关协议或合同，及时进行信息披露，保证关联交易的公允性。

本企业承诺不通过关联交易损害公司及其他股东的合法权益。

本企业控制的公司（包括现有的以及其后可能设立的控股企业，下同）将尽量避免与公司及其子公司发生关联交易。本企业不利用其在公司的地位和影响，通过关联交易损害公司及其他股东的合法权益。

如果将来公司或其子公司不可避免地与本企业或本企业控制的其他企业发生任何关联交易，则本企业承诺将促使上述交易按照公平合理和正常商业交易的条件进行，本企业或本企业控制的其他企业将不会要求或接受公司或其子公司给予其本企业或本企业控制的其他企业任何一项违背市场公平交易原则的交易条款或条件。

该承诺将持续有效，直至本企业不再作为公司的股东或不再与公司及其子公司存在关联关系。

谨此承诺，本表所填内容不含虚假成分，现签字盖章确认。

承诺人（签字）：

年　　月　　日

九、关于提供的资料真实性的保证函

保证函

致：____律师事务所

____股份有限公司在向全国股转系统申报公开转让股票过程中向贵所提供的有关文件和资料是完整、真实和有效的，且无隐瞒、虚假和误导之处，其中文件资料为副本、复印件的，保证与正本或原件相符。

____股份有限公司（盖章）

年　　月　　日

十、关于独立性、担保、资金占用、守法及诉讼、仲裁、行政处罚等相关事项的说明、声明或承诺

____股份有限公司

关于独立性、担保、资金占用、守法及诉讼、仲裁、行政处罚

等相关事项的说明、声明或承诺

一、关于独立经营等事宜的承诺

____股份有限公司（以下简称"股份公司"或"本公司"）承诺如下：

（一）股份公司目前不存在需要终止的情形，不存在持续经营的法律障碍。

（二）股份公司已建立股东大会、董事会、监事会、总经理、副总经理等组织机构，下设立＿＿＿等内部经营管理部门，股份公司具有独立完整的供应、销售系统。

（三）股份公司的生产经营和行政管理（包括劳动、人事及工资管理等）完全独立；股份公司的总经理、副总经理、财务总监、董事会秘书等高级管理人员均在股份公司专职工作，且在股份公司领取薪酬；股份公司董事会及股东大会作出的人事任免决定未受任何的干预。股份公司的人员独立。

（四）股份公司已设立独立的财务会计部门，建立了独立的会计核算体系和财务管理制度；股份公司独立在银行开户，不存在与其他企业共用银行账户的情况；股份公司独立纳税；股份公司能够独立作出财务决策。

（五）股份公司建立了完善的法人治理结构以及内部管理系统，在人员、资产、业务、财务等方面均完全独立，股份公司具有面向市场自主经营的能力。

（六）股份公司合法拥有、行使其商标、专有技术所有权，上述财产不存在纠纷。

（七）股份公司自主拥有与经营有关的各项业务资质，符合相关法律法规的规定，不存在超越资质、经营范围、使用过期资质以及相关资质将到期无法续期的情况。

二、关于担保、资金占用等事项的承诺函

＿＿＿股份有限公司（以下简称"股份公司"或"本公司"）承诺如下：

股份公司目前不存在下列情形：

（一）以其资产、权益或信誉为控股股东、实际控制人及其控制的其他企业进行违规担保的情形。

（二）以其资产、权益或信誉为股份公司董事、监事、高级管理人员及其控制的其他企业进行违规担保的情形。

（三）控股股东、实际控制人及其控制的其他企业以借款、代偿债务、代垫款项或者其他方式占用股份公司流动资金的情形。

（四）股份公司董事、监事、高级管理人员及其控制的其他企业以借款、代偿债务、代垫款项或者其他方式占用股份公司流动资金的情形。

（五）控股股东、实际控制人及其控制的其他企业干预股份公司独立作出财务决策和独立运用资金的情形。

（六）股份公司董事、监事、高级管理人员及其控制的其他企业干预股份公司独立作出财务决策和独立运用资金的情形。

股份公司目前不存在下列情形：

（一）以其资产、权益或信誉为其他政府机关、事业单位、其他公司、企业、社会团体或个人所负债务提供担保的情形。

（二）其他政府机关、事业单位、公司、企业、社会团体和个人以借款、代偿债务、代垫款项或者其他方式占用股份公司流动资金的情形。

（三）其他政府机关、事业单位、公司、企业、社会团体或个人干预股份公司独立作出财务决策和独立运用资金的情形。

三、关于诉讼、仲裁及行政处罚情况的说明

____股份有限公司（以下简称"股份公司"或"本公司"）系依法成立的股份有限公司，公司目前不存在尚未了结的重大诉讼、仲裁事项及被行政机关依法给予重大行政处罚的事项。同时，根据股份公司以前的经营管理状况，公司没有潜在的重大诉讼、仲裁及被行政处罚的事项。

本公司上述关于独立性、担保、资金占用、守法及诉讼、仲裁、行政处罚等相关事项的说明、声明或承诺真实，不存在虚假记载等情形，本公司愿为上述说明、声明或承诺承担相应的法律责任。

本公司确保提供的全部文件资料真实、完整和准确；文件复印件与正本完全一致；所有文件上的签名及印章均是真实的。

____股份有限公司（盖章）

年　　月　　日

十一、关于知识产权的说明和承诺

____股份有限公司

关于知识产权的说明和承诺

一、关于域名的承诺函

____股份有限公司（以下简称"股份公司"或"本公司"）声明、承诺如下：

本公司拥有的域名不存在权属争议，也不存在质押、司法查封等可能导致权利行使受到限制的情形，已披露的域名不存在因漏缴、欠缴相应费用导致域名失效的情形。

二、其他情况说明

____股份有限公司（盖章）

年　　月　　日

第四章　股票登记与挂牌

在这个阶段，申请挂牌公司的工作人员将介绍信制作好后，会同主办券商将相关的申请文件提交到全国股份转让系统公司窗口，由办事大厅窗口分送至各个相关部门进行审核。全国股转公司主要对申请挂牌公司进行财务以及非财务方面的审核，并将审核反馈意见发给主办券商；主办券商及其他中介机构根据反馈意见进行补充的调查，起草回复意见，修订申请文件，并再次提交给股转公司，经审查合格后，同意公司在新三板挂牌。根据《全国中小企业股份转让系统股票挂牌业务操作指南（试行）》（以下简称《业务操作指南》）的规定，通常在以下四个阶段进行股票的登记和挂牌：①挂牌公司申请取得证券简称、证券代码并领取挂牌相关文件；②办理信息披露及股份初始登记；③申请挂牌同时发行股票融资的流程；④挂牌仪式。

第一节　证券简称、证券代码以及挂牌相关文件的取得及要求

一、具体程序和要求

根据《业务操作指南》的规定，申请办理股票挂牌业务的程序如下：

（1）申请挂牌公司在上交申请文件的同时，提交已填写好的《证券简称及证券代码申请书》。

（2）按照全国股转系统公司发送的《缴费通知单》的数额，全额缴纳挂牌初费和当年年费。

（3）按照通知时间到服务大厅领取下列文件：①领取全国股转系统公司出具的同意申请公司挂牌的函。②在财务管理部领取缴费发票。③在窗口领取《关于证券简称及证券代码的通知》以及《信息披露业务流转表》两份文件。④主办券商应当提交《主办券商办理股份公司股票挂牌进度计划表》。⑤领取股票初始登记明细表以备后续填写。

申请挂牌公司在办理公司股票初始登记时，不论是否存在首批解除转让限制情况，都需要在窗口领取股票初始登记明细表并认真填写。

（4）主办券商如发现申请挂牌公司股份存在首批解除转让限制情形，应当要求申请挂牌公司提供股份首批解除转让限制申请材料，由主办券商审核后出具《挂牌公司股东所持股份解除转让限制明细表》，上交到全国股转系统公司业务部，一般是先以发传真或电子邮件方式，在得到全国股转系统公司同意挂牌的函时再提交原件。

二、证券发行人申请证券代码的要求

根据《全国中小企业股份转让系统证券代码、证券简称编制管理暂行办法》的规定，证券发行人在申请证券代码、证券简称时，应符合下列规定：

（1）证券发行人可以向全国股转系统公司提出 ISIN 代码申请，由全国股转系统公司统一向全国金融标准化技术委员会证券分技术委员会申请对应的 ISIN 代码。ISIN 代码的有关编制方法参见国际号码代理人协会的 ISO6166 条例。

（2）全国股转系统证券代码采用六位数的数字型编制方法。

（3）证券代码的编制原则上应当在所属证券品种区间内，可采用连续编制或其他经全国股转系统公司批准的方式进行编制。

（4）按本办法编制的证券代码原则上不得与全国股转系统已挂牌证券代码重复。网络投票等必须重复使用证券代码的业务除外。

（5）按本办法编制的证券代码应尽量避免与境内交易所已挂牌或上市证券代码重复。

（6）增加或者减少证券代码号段，应当经过证券编码工作委员会批准。

（7）证券简称应参考发行人名称、所属证券品种编制，不得超过八个字符（单字节字符），且应尽量避免与全国股转系统和境内交易所已挂牌或上市证券的证券简称重复。

（8）挂牌公司普通股票证券代码首两位代码为 83、87、88。

（9）挂牌公司优先股票证券代码首两位代码为 82。

（10）挂牌公司股票证券简称原则上从公司名称中选取。

（11）挂牌公司股票转让被实行特别处理风险警示，其证券简称首两位字符应改为"ST"，其他字符原则上从公司名称中选取。

（12）两网公司及退市公司 A 股股票证券代码首三位代码为 400。

（13）退市公司 B 股股票证券代码首三位代码为 420。

（14）退市公司既有 A 股股票，又有 B 股股票，其后三位代码应相同。

（15）退市公司纯 B 股公司内资股的证券代码首三位代码为 400，后三位代码与该公司 B 股股票代码后三位代码相同；其证券简称前六位字符取自该公司 B

股股票简称，后两位字符为"内"。

（16）除纯 B 股公司内资股外，两网公司及退市公司 A 股股票证券简称的末位字符应为标识其每周转让天数的阿拉伯数字，其他字符原则上从公司名称中选取；B 股股票证券简称的后两位字符应为"B"加上其每周转让天数的阿拉伯数字，其他字符原则上从公司名称中选取。

（17）股权激励期权证券代码首三位代码为 850。

（18）股权激励期权证券简称首四位字符从公司股票证券简称中选取，后四位字符按照期数依次为"JLC1""JLC2"等。

（19）要约收购证券代码首三位代码为 840。

（20）要约收购证券简称首四位字符从公司股票证券简称中选取，后四位字符为"收购"。

三、挂牌公司股东所持股份转让限制

（1）《公司法》第一百四十一条规定：发起人持有的本公司股份，自公司成立之日起一年内不得转让。公司公开发行股份前已发行的股份，自公司股票在证券交易所上市交易之日起一年内不得转让。公司董事、监事、高级管理人员应当向公司申报所持有的本公司的股份及其变动情况，在任职期间每年转让的股份不得超过其所持有本公司股份总数的 25%；所持本公司股份自公司股票上市交易之日起一年内不得转让。上述人员离职后半年内，不得转让其所持有的本公司股份。公司章程可以对公司董事、监事、高级管理人员转让其所持有的本公司股份作出其他限制性规定。

（2）《业务规则》第 2.8 条规定：挂牌公司控股股东及实际控制人在挂牌前直接或间接持有的股票分三批解除转让限制，每批解除转让限制的数量均为其挂牌前所持股票的三分之一，解除转让限制的时间分别为挂牌之日、挂牌期满一年和两年。挂牌前十二个月以内控股股东及实际控制人直接或间接持有的股票进行过转让的，该股票的管理按照前款规定执行，主办券商为开展做市业务取得的做市初始库存股票除外。因司法裁决、继承等原因导致有限售期的股票持有人发生变更的，后续持有人应继续执行股票限售规定。同时《业务规则》第 2.9 条规定：股票解除转让限制，应由挂牌公司向主办券商提出，由主办券商报全国股转系统公司备案。全国股转系统公司备案确认后，通知中国结算办理解除限售登记。所以，主办券商审核申请挂牌公司上报的解除转让限制的材料后，认为符合规定条件的，可以出具《挂牌公司股东所持股份解除转让限制明细表》。

附录：

一、主办券商办理股份公司股票挂牌进度计划表

主办券商办理＿＿＿股份公司股票挂牌进度计划表（参考模板）

主办券商：

序号	事项	办理时限	预计完成日期
1	申请挂牌公司股东开立证券账户		
2	准备股票发行工作		
3	挂牌前首次信息披露日期		
4	提交申请文件		
5	领取初始登记表		
6	办理股票登记结算有关材料		
7	办理股份登记结算手续		
8	提交《股票公开转让记录表》《股份登记确认书》，确定申请挂牌公司具体挂牌日期		
9	进行挂牌前的第二次信息披露		
10	股票挂牌		

经办人：　　　　　　　　电话：　　　　　　　　手机：

二、信息披露业务流转表

信息披露业务流转表①

存档编号：

挂牌公司名称					
证券简称			证券代码		
主办券商名称					
主办券商经办人		联系电话		传真号码	
申请披露时间					
公告类别	公告编号		公告标题		
挂牌公司公告					
主办券商公告					
公告总数合计			_____份		

主办券商确认	全国股转系统公司确认
经办人：_____（签字） 电　话：_____ 手　机：_____ （主办券商公章）	经办人：_____（签字） 电　话：_____ 手　机：_____

注：一份《信息披露业务流转表》只用于一家挂牌公司的信息披露。

---

① 资料来源：全国中小企业股份转让系统官网（http://www.neeq.com.cn）。

三、股票初始登记明细表

(一) 股票初始登记明细表的填写要求

《股票初始登记明细表》是办理初始登记业务的必备文件,是由主办券商协助拟挂牌公司填写好后,盖上主办券商的章,由拟挂牌公司在中国结算 BPM 系统申报时上传。

该表的填写要求如下:

1. 该表需正确填写证券简称及证券代码 (PDF 版或 WORD 版文档)。

2. 向全国股转系统提交的《股票初始登记明细表》需要加盖主办券商公章。

3. 股份数必须是整数,如果出现因为计算限售股数等比例问题而产生小数的,需要将无限售股份的小数位舍去,同时限售股股数进位,不可采用四舍五入方法。

4. 在提交挂牌申报材料向全国股转系统公司申报,以及在向中国结算申请办理初始登记期间,如果股东名称或证件号码发生了变化,可以采取以下修改措施:一是股东还未修改其证券账户信息中的名称或证件号码,则可以在办理完毕初始登记后尽快到开户机构更新账户信息;二是股东在拟挂牌公司办理初始登记业务前已经修改了开户资料,则需要通过券商向全国股转系统公司申请修改《股票初始登记明细表》,待全国股转系统公司出具了新的《股票初始登记明细表》后才能继续办理初始登记。

(二) 股票初始登记明细表

全国股转系统公司下载表格。

股票初始登记明细表

公司全称:　　　　　证券简称:　　　　　证券代码:　　　　　单位:　股

序号	股东名称	是否为董事、监事、高级管理人员	是否为控股股东、实际控制人	是否为做市股份	身份证号或注册号	截至挂牌前持股数量	不予限售的股份数量	限售股份数量
1								
2								
3								
4								

全国中小企业股份转让系统有限责任公司

年　　月　　日

四、挂牌公司股东所持股份解除转让限制明细表

挂牌公司股东所持股份解除转让限制明细表①

挂牌公司：　　　　　证券简称：　　　　　证券代码：

序号	股东名称	任职	是否为控股股东、实际控制人	身份证号或注册号	挂牌前持股数量	挂牌前12个月内受让自股东、实际控制人的股份数量*	因司法裁决、继承等原因而得限售条件股的数量*	挂牌后实施股权激励新增股份数量*	挂牌后权益分派新增股份数量*	挂牌后定向发行新增股份数量*	挂牌后债转股新增股份数量*	挂牌后通过转让新增股份数量*	质押股份数量*	司法冻结股份数量*	截至201×年×月×日持股量	截至201×年×月×日持有的无限售条件的股份数量	本次申请解除限制登记股份数量	尚未解除转让限制登记股份数量
1																		
2																		
合计																		

注：主办券商可根据挂牌公司情况增减栏目，带"＊"列，不可以删除。

（主办券商公章）

第二节　办理信息披露及股份初始登记

一、证券发行人办理用户注册

以往证券发行人办理用户注册，需要发行人到现场办理信息披露和股份初始登记，其手续烦琐、耗时较长，为了提高工作效率，加快新三板股份转让结算的速度，现中国结算实行网上申报信息披露和股份初始登记业务，建立了电子化证券簿记系统，发行人向中国结算申请办理各类业务前，根据《中国结算北京分公司证券发行人业务指南》（以下简称《业务指南》）的要求完成网站用户注册，

---

① 资料来源：全国中小企业股份转让系统官网（http://www.neeq.com.cn）。

即可进行网上办理。

1. 办理注册所需材料

（1）营业执照。

（2）组织机构代码证（如是"三证合一"，则不用提供）。

（3）法定代表人身份证明文件。

（4）经办人身份证明文件。

（5）法定代表人授权委托书。

（6）法定代表人证明书。

2. 网站用户注册流程

根据《业务指南》的规定，网站用户注册流程如下：

（1）发行人登录中国结算网站提交在线注册申请，按照流程要求填写公司信息并上传相关材料。

（2）中国结算北京分公司对发行人提交的在线注册申请形式审核无误后，在审核通过当天制作 USB – KEY 并邮寄至发行人。

3. 注意事项

（1）发行人上传电子材料时，应注意使用原件的彩色扫描件。

（2）发行人应确保自身的姓名、联系方式及通信地址填写准确。

（3）发行人注册成功后，中国结算北京分公司提供一枚 USB – KEY，要妥善保管。如发行人因遗失、损坏等原因需要补办 USB – KEY 的，经过申请，中国结算北京分公司审核后将提供一枚新的 USB – KEY，并将之前的 USB – KEY 的证书作废。

二、办理股份初始登记

申请挂牌公司在经过全国股转系统公司审核通过后，携带全国股转系统公司出具的同意挂牌函，到中国结算办理股份初始登记，办理完初始登记后，即可在新三板办理挂牌转让业务。

1. 办理股份初始登记所需材料

根据《业务指南》规定，申请办理股份初始登记业务所需材料为：

（1）《公开转让说明书》。

（2）发行人填写完整并签字盖章的《证券登记及服务协议》（业务办理页面有标准模板可供下载）。

（3）涉及国有股东在挂牌前持有股份的，需提供国有资产监督管理部门的批准文件等；涉及境外投资者在挂牌前持有股份的，应出具《中华人民共和国外商投资企业批准证书》《中华人民共和国港澳侨投资企业批准证书》等商务主管部门的批准或备案文件；申请挂牌公司股东在入股时为境内自然人且以人民币入资，挂牌时已变更为境外自然人的，需要发行人出具相应情况说明，该股东签字、发行人加盖公章。

（4）持有人股份挂牌前被质押登记或司法冻结的，需提供质押登记或司法冻结的相关材料。其中，司法冻结的应提供协助执行通知书、裁定书、已冻结证明等材料；质押的应提供质押登记申请书、双方签字的已生效的质押合同、质押双方有效身份证明文件、工商部门出具的股权出质设立登记通知书等材料。

（5）中国结算北京分公司要求提供的其他材料。

2. 办理股份初始登记流程

根据《业务指南》的规定，办理股份初始登记流程如下：

（1）发行人提交股份初始登记申请。发行人在取得全国股转系统公司出具的同意挂牌函，完成中国结算北京分公司网站用户注册并取得 USB – KEY 后，登录本公司平台提交股份初始登记申请。

（2）发行人确认登记数据并付款。中国结算北京分公司对申请材料审核通过后，通过公司平台向发行人发送《初始登记股份持有人名册清单》《股份初始登记费付款通知》及《信息查询服务费付款通知》。发行人确认登记数据无误后，完成付款。

（3）发行人查看登记结果。中国结算北京分公司确认登记费到账后，在两个转让日内完成股份初始登记。如无质押登记、司法冻结情况，在完成股份登记后的下一个转让日，发行人可通过公司平台查看《股份登记确认书》《股本结构表》《前十名证券持有人名册》《做市商证券持有信息表》（如有做市情况提供此表），发行人可据此向全国股转系统公司申请挂牌。如有质押登记、司法冻结情况，公司在完成股份初始登记后根据发行人申请办理相关质押登记、司法冻结手续。公司在完成质押登记、司法冻结后的下一个转让日通过中国结算北京分公司平台出具初始登记结果。

3. 办理股份初始登记的注意事项

根据《业务指南》的规定，申请挂牌公司在办理股份初始登记时，应注意以下七个方面：

（1）发行人在向中国结算北京分公司申请办理股份初始登记之前，应及早督促股东开立深圳市场 A 股证券账户。

（2）在向全国股转系统公司申请股东明细数据及起草公开转让说明书前，发行人需通过推荐挂牌主办券商营业部核实股东证券账户（非资金账户）的账户名称、身份证件号码、证券账户号码，确保前述信息在下列三项文件中的对应信息保持一致：发行人向全国股转系统公司申报的股票初始登记明细表、在中国结算北京分公司平台提交的申报明细数据、在全国股转系统公司网站公告的公开转让说明书。

（3）发行人通过中国结算北京分公司平台申报托管单元编码，应注意以下事项：自然人、机构股东应填写股东本人或本机构委托交易券商的托管单元编码；做市商股东应填写做市专用托管单元编码；基金、理财产品股东应填写管理人确定的托管单元编码。发行人应根据股东本人或本机构的申请，申报其指定交易券商对应托管单元编码信息。如因发行人未遵照股东意愿，错误申报，导致相应股东股份无法正常交易，由此对股东权益造成的损害将由发行人承担。发行人主办券商务必与股东本人核实托管单元编码。

（4）外国投资者以及我国香港特别行政区、澳门特别行政区、台湾地区的投资者对挂牌公司进行战略投资而取得相应股份的，应当直接向中国结算北京分公司申请开立证券账户。

（5）发行人上传至中国结算北京分公司平台中的所有电子材料应使用原件的彩色扫描件。

（6）由于发行人提供的申请材料有误导致股份登记不实，发行人申请对股份登记结果进行更正的，公司依据生效的司法裁决或公司认可的其他证明材料办理更正手续。

（7）中国结算北京分公司收到全国股转系统公司出具的同意挂牌函及股票初始登记明细表后方能开始受理股份初始登记申请，请发行人提交申请后耐心等待。

三、挂牌前首次信息披露

1. 首次信息披露的要求

根据《信息披露细则》的规定，挂牌公司信息披露应符合以下要求：

（1）挂牌公司信息披露包括挂牌前的信息披露及挂牌后持续信息披露，其中挂牌后持续信息披露包括定期报告和临时报告。

（2）挂牌公司及相关信息披露义务人应当及时、公平地披露所有对公司股票及其他证券品种转让价格可能产生较大影响的信息（以下简称"重大信息"），并保证信息披露内容的真实、准确、完整，不存在虚假记载、误导性陈述或重大遗漏。

（3）挂牌公司应当制定信息披露事务管理制度，经董事会审议后及时向全国股转系统公司报备并披露。公司应当将董事会秘书或信息披露事务负责人的任职及职业经历向全国股转系统公司报备并披露，发生变更时亦同。上述人员离职无人接替或因故不能履行职责时，公司董事会应当及时指定一名高级管理人员负责信息披露事务并披露。

（4）挂牌公司应当在挂牌时向全国股转系统公司报备董事、监事及高级管理人员的任职、职业经历及持有挂牌公司股票情况。有新任董事、监事及高级管理人员或上述报备事项发生变化的，挂牌公司应当在两个转让日内将最新资料向全国股转系统公司报备。

（5）挂牌公司披露重大信息之前，应当经主办券商审查，公司不得披露未经主办券商审查的重大信息。挂牌公司在其他媒体披露信息的时间不得早于指定披露平台的披露时间。

（6）主办券商应当指导和督促所推荐挂牌公司规范履行信息披露义务，对其信息披露文件进行事前审查。发现拟披露的信息或已披露信息存在任何错误、遗漏或者误导的，或者发现存在应当披露而未披露事项的，主办券商应当要求挂牌公司进行更正或补充。挂牌公司拒不更正或补充的，主办券商应当在两个转让日内发布风险揭示公告并向全国股转系统公司报告。

2. 首次信息披露的程序

（1）申请挂牌公司取得证券简称和代码后，应先报送有关信息披露的文件。

（2）然后在全国股转系统信息平台进行首次信息披露。

3. 挂牌前首次信息披露的文件

（1）公开转让说明书。

（2）财务报表及审计报告。

（3）法律意见书。

（4）补充法律意见书（如有）。

（5）公司章程。

（6）主办券商推荐报告。

（7）股票发行情况报告书（如有）。

（8）全国股转系统公司出具的同意挂牌函。

（9）中国证监会核准文件（如有）。

（10）其他公告文件。

4. 首次信息的披露注意事项

（1）未经全国股转系统公司批准，信息披露文件不得更改、撤销。

（2）首次信息披露中，挂牌公司或主办券商发现信息确有错误需要修改，则应向全国股转系统公司提交书面报告说明情况。

（3）修正后的信息经全国股转系统公司审核后，需发布更正公告。

四、第二次信息披露

1. 第二次信息披露办理程序

向全国股转系统公司提交《股份登记确认书》《股票公开转让记录表》《信息披露业务流转表》等文件。

2. 第二次信息披露需披露的文件

根据《业务指南》的规定，需披露的文件如下：

（1）关于公司股票将在全国股份转让系统挂牌公开转让的提示性公告。

（2）关于公司挂牌同时发行的股票将在全国股份转让系统挂牌公开转让的公告（如有）。

（3）其他公告文件。

附录：

一、法定代表人授权委托书

法定代表人授权委托书①

中国证券登记结算有限责任公司北京分公司：

兹授权_____（被授权人姓名），为我公司与贵公司签订《证券登记及服务协议》、办理中国结算在线业务用户注册、领取 USB – KEY 及办理其他相关事务的代表人。

授权有效期限自_____年____月____日起至_____年____月____日止。

授权人（法定代表人）：

授权人身份证号：

被授权人：

被授权人身份证号：

法定代表人签字或盖章：

发行人公章：

签发日期：　　　年　　月　　日（签发日期不可晚于授权日期开始日）

二、法定代表人证明书

法定代表人证明书②

中国证券登记结算有限责任公司北京分公司：

_____同志（身份证号码_____），现任我公司_____职务，为我公司法定代表人。

特此证明。

发行人公章：

签发日期：　　　年　　月　　日

---

① 资料来源：《中国结算北京分公司证券发行人业务指南》。

② 资料来源：《中国结算北京分公司证券发行人业务指南》。

三、股票公开转让记录表

全国中小企业股份转让系统挂牌公司股票公开转让记录表①

公司名称					
证券代码			证券简称		
基本情况	所属行业及代码				
	主营业务				
	注册地址				
	总股本（万股）		挂牌日期		
	证券种类	挂牌公司股票	货币种类	人民币	
	升降单位（元）		转让方式	股份转让每周一、二、三、四、五	
	全国股转系统的同意挂牌函日期		证监会核准公开转让文件日期		
主办券商名称					
专用交易单元编码					
联系人信息	姓名		电话		
	手机		电子邮件		

（挂牌公司公章）　　　　　　　　　　　　　　　　　（主办券商公章）
　年　　月　　日　　　　　　　　　　　　　　　　　　年　　月　　日

---

① 资料来源：全国中小企业股份转让系统官网（http://www.neeq.com.cn）。

四、信息披露业务流转表

信息披露业务流转表①

存档编号：

挂牌公司名称					
证券简称			证券代码		
主办券商名称					
主办券商经办人		联系电话		传真号码	
申请披露时间					
公告类别	公告编号		公告标题		
挂牌公司公告					
主办券商公告					
公告总数合计	_____份				

主办券商确认	全国股转系统公司确认
经办人： （签名） 电 话： 手 机： （主办券商公章）	经办人： （签名） 电 话： 手 机：

---

① 资料来源：全国中小企业股份转让系统官网（http://www.neeq.com.cn）。

五、关于公司股票将在全国股转系统挂牌公开转让的提示性公告

_____股份有限公司

关于股票挂牌并采用_____转让方式的提示性公告①

本公司股票挂牌公开转让申请已经全国股转系统公司同意。本公司股票将于_____年_____月_____日起在全国股转系统挂牌公开转让。

证券简称：_____，证券代码：_____。

转让方式：

公开转让说明书及附件已于_____年_____月_____日披露于全国股转系统指定信息披露平台 www. neeq. com. cn 或 www. neeq. cc，供投资者查阅。

_____股份有限公司（公章）

年　　月　　日

六、关于公司挂牌同时发行的股票将在全国股转系统挂牌公开转让的公告

_____股份有限公司

关于公司挂牌同时发行的股票将在全国股转系统

挂牌公开转让的公告②

本公司此次股票发行总额为_____股，其中限售条件_____股，无限售条件_____股。无限售条件股份将于_____年_____月_____日在全国股转系统挂牌公开转让。《股票发行情况报告书》披露于全国股转系统指定信息披露平台 www. neeq. com. cn 或 www. neeq. cc，供投资者查阅。

_____股份有限公司（公章）

年　　月　　日

---

① 资料来源：全国中小企业股份转让系统官网（http：//www. neeq. com. cn）。
② 资料来源：全国中小企业股份转让系统官网（http：//www. neeq. com. cn）。

第三节　申请挂牌同时定向发行股票

一、定向发行的概述

1. 定向发行的概念

新三板定向发行，是指在新三板挂牌的公司，根据《管理细则》，对特定的机构投资者和自然人投资者发行股票的行为。

2. 定向发行的特点

（1）对于定向发行股票，新三板设置的条件与主板市场相比较为宽松，发行人可以选择挂牌前、挂牌时、挂牌后三个阶段进行定向发行融资。

（2）如果发行人具备相应的条件即可发行，无须审批。这样就避免了以往股票发行中审核时间过长、手续烦琐的问题，但同时我们也应看到，审核手续的简化也给投资者进行投资增加了风险性。

（3）新三板定向发行属于非公开发行，对象是特定投资者，不得超过35人；与主板市场不同，定向发行股票的对象是特殊的投资者，而非所谓的散户，数量也限制在35人以内，并且，定向发行股票所增加的股份没有锁定期的限制。因此，一些风险投资者可以及时发现值得投资的企业，并将投资及时变现。

3. 定向发行的意义

（1）通过定向发行股票，可以增加公司的资本总额。现在新三板挂牌的公司，定向发行成功的公司少则获得四五百万的投资，多则获得近亿元的投资，增强了公司的实力。

（2）为新三板挂牌公司的今后发展打下了良好的基础，因为公司在新三板通过定向发行融资，不仅增强了公司的实力，而且公司也通过定向发行股票等方式熟悉、掌握了在主板、创业板融资的方法和技巧。

（3）有助于风投基金的进入。近年来，我国私募市场上集中了大量的风投基金，由于投资渠道的狭窄，很多基金没有去处，而新三板定向发行股票，则有助于这些基金尽快了解有发展潜力的公司并及时投资，以享受公司发展的红利。

（4）避免了证券市场出现的圈钱现象。毋庸讳言，现在主板市场上一些上市公司通过做虚假财务报告等方式骗取投资者的金钱，关键在于证券市场上的散户缺乏相关的知识和有效的消息来源；而新三板定向发行的对象都是机构投资者或者是资深的投资人，具有丰富的专业知识，可以及时掌握公司动态，避免进入投资陷阱。

（5）定向发行股票还可以使企业实现强强联合。优质公司通过相互持有对方的股份，可以扩大市场份额，加强公司之间的联系，提升抗风险能力。

二、定向发行股票的流程

（1）挂牌公司通过路演、招标、发邀请函等形式，吸引特定的投资者，并与之签订《股份认购合同》。

（2）在本公司律师的协助下，制作《股票发行方案》，并提交董事会进行讨论，经法定票数通过后，两个转让日内在全国股转系统网站公示。

（3）董事会召开临时股东大会，提前15天通知全体股东参加，由董事长主持，审议《股票发行方案》，经有表决权的三分之二股东通过后，临时股东大会关于定向发行股票的决议需在全国股转系统网站公示。

（4）在主办券商的督导下，挂牌公司在指定的网站上发布《股票发行认购公告》，该公告应包含以下内容：股票的价格、认购时间、认购方式、是否有优先认购安排等。

（5）银行、挂牌公司、主办券商签订三方的监管协议，挂牌公司应当在协议银行设立募集资金专项账户，未得到其他两方的许可，不得挪用募集资金作他用，该监管协议需提交全国股转系统公司审核。

（6）对于已缴纳股份购买款项并出具了《验资报告》的投资者，挂牌公司应当在审核验资报告十日内报送全国股转系统公司。

（7）律师对该次定向发行股票进行尽职调查后出具《法律意见书》，主办券商尽职调查后发布意见书，并与挂牌公司的《股票发行情况报告书》在全国股转系统公司指定网站公示。

（8）全国股转系统公司主要对挂牌公司提交的有关申请公司股票定向发行的申请进行形式审查，在规定的工作日审查合格后，邮寄《股份登记函》至挂牌公司，挂牌公司持此函到中国结算公司办理股份登记手续，取得《股份登记确认书》《股本结构表》等文件。

（9）挂牌公司应当在全国股转系统公司指定网站公示有关股票公开转让和募集资金使用情况的报告。

三、定向发行股票的发行对象

根据《管理细则》及《非上市公众公司监督管理办法》（以下简称《监督管理办法》）的规定，定向发行股票的对象有：

1. 公司内部对象

（1）公司股东。

（2）公司的董事、监事、高级管理人员。

（3）核心员工。

按照《监督管理办法》的规定，核心员工的确认也有一整套严密的程序。一般来说，是由公司高级管理人员或董事长提名，董事会研究决定，并征求职工代表大会意见及监事会意见后，最后由股东大会决议批准。

2. 机构投资者

根据《管理细则》的规定，机构投资者的条件是：

（1）注册资本500万元人民币以上的法人机构。

（2）实缴出资总额500万元人民币以上的合伙企业。

（3）集合信托计划、证券投资基金、银行理财产品、证券公司资产管理计划，以及由金融机构或相关监管部门认可的其他机构管理的金融产品或资产，也可以申请参与挂牌公司股票公开转让。

3. 自然人投资者

根据《管理细则》的规定，自然人投资者的条件是：

（1）投资者本人名下前一交易日日终证券类资产市值500万元人民币以上。证券类资产包括客户交易结算资金、在沪深交易和全国股转系统挂牌的股票、基金、债券、券商集合理财产品等，信用证券账户资产除外。

（2）具有两年以上证券投资经验，或具有会计、金融、投资、财经等相关专业背景或培训经历。投资经验的起算时间点为投资者本人名下账户在全国股转系统、上交所或深交所发生首笔股票交易之日。

4. 有关发行对象的禁止性规定

（1）《监督管理办法》第三十六条规定：发行对象中除现有股东外，包括发行人董事、监事、高级管理人员、核心员工在内的认购人数合计不得超过35人。核心员工的认定，应当由公司董事会提名，并向全体员工公示和征求意见，由监事会发表明确意见后，经股东大会审议批准。

（2）对于投资者是否符合《管理细则》规定的适当性条件，挂牌公司应当采取实地考察、文件审核以及对其证券交易账户中的交易记录进行对比分析等方式，审核该投资者是否具有购买资格。

（3）《监督管理办法》规定：为保障股权清晰、防范融资风险，单纯以认购股份为目的而设立的公司法人、合伙企业等持股平台，不具有实际经营业务的，不符合投资者适当性管理要求，不得参与非上市公众公司的股份发行。

（4）《非上市公众公司监管问答——定向发行（二）》规定：员工持股计划可以参与挂牌公司定向发行，但应认购接受证监会监管的金融产品，且该产品已完成核准、备案程序并充分披露信息。

四、定向发行股票的发行数量、次数的规定

（1）《全国中小企业股份转让系统股票发行业务细则（试行）》（以下简称《业务细则》）第十八条规定：挂牌公司及主办券商应当在确定的询价对象范围内接收询价对象的申购报价；主办券商应根据询价对象的申购报价情况，按照价格优先的原则，并考虑认购数量或其他因素，与挂牌公司协商确定发行对象、发行价格和发行股数。

（2）《业务细则》对股票发行的数量没有限制，挂牌公司可以根据自身资金的需要以及投资者的数量来决定股票发行数量。

（3）《挂牌公司股票发行常见问题解答（二）——连续发行》规定：拟连续发行股票的挂牌公司，应当在前一次股票发行的新增股份登记手续完成后，才能召开董事会审议下一次股票发行方案，也就是说挂牌公司前一次股票发行新增股份没有登记完成前，不得启动下一次股票发行的董事会决策程序。

此外，挂牌公司股票发行在取得全国股转系统出具的新增股份登记函后，应当在 10 个工作日内向中国结算申请办理新增股份登记手续。

（4）《监督管理办法》规定：公司申请定向发行股票，可申请一次核准，分期发行。自中国证监会予以核准之日起，公司应当在 3 个月内首期发行，剩余数量应当 12 个月内发行完毕。即挂牌公司向中国证监会提出申请，经核准后可实行分期定向发行。

五、定向发行股票的认购方式

（1）以现金方式认购的，由于现行的新三板的有关法规、规定对定向发行股票的现金认购方式无特殊要求，所以发行对象按期足额缴纳认购资金即可。

（2）以非现金方式认购的，根据《全国中小企业股份转让系统股票发行业务指南》的规定：①以非现金资产认购股票，董事会应当在发行方案中对资产定价合理性进行讨论与分析。②以股权资产认购的，股权资产应当经过具有证券、期货等相关业务资格的会计师事务所审计；以非股权资产认购的，非股权资产应当经过具有证券、期货等相关业务资格的资产评估机构评估。③以资产评估结果作为定价依据的，应当由具有证券、期货等相关业务资格的资产评估机构出具评估报告。④以非现金资产认购股票涉及资产审计、评估或者盈利预测的，资产审计结果、评估结果和经具有证券、期货相关业务资格的会计师事务所审核的盈利预测报告应当最晚和召开股东大会的通知同时公告。

（3）《业务细则》第八条规定：挂牌公司股票发行以现金认购的，公司现有

股东在同等条件下对发行的股票有权优先认购。每一股东可优先认购的股份数量上限为股权登记日其在公司的持股比例与本次发行股份数量上限的乘积。公司章程对优先认购另有规定的，从其规定。

（4）《业务细则》第二十八条规定：挂牌公司应当在缴款期前披露股票发行认购公告，其中应当披露缴款的股权登记日、投资者参与询价、定价情况，股票配售的原则和方式及现有股东优先认购安排（如有），并明确现有股东及新增投资者的缴款安排。

（5）《业务细则》第二十三条规定：以非现金资产认购股票的情形，尚未完成相关资产权属过户或相关资产存在重大法律瑕疵的，全国股转系统公司不予出具股份登记函。

附录：

一、申请人关于定向发行股票的董事会议案的模板

关于____股份有限公司定向发行股票的董事会议案（参考模板）

各位董事：

根据《中华人民共和国公司法》《中华人民共和国证券法》《非上市公众公司监督管理办法》《全国中小企业股份转让系统股票发行业务细则（试行)》等相关法律、法规的规定，公司董事会拟定了本次定向发行股票方案，具体内容如下：

1. 发行对象及在册股东认购安排

本次定向发行拟发行新股____万股，以截至____年____月____日交易结束后于中国证券登记结算有限责任公司北京分公司登记在册的全体股东作为本次优先认购权在册股东的认定为准。在册股东____已承诺放弃优先认购权。

本次定向发行对象为____。

2. 发行价格及定价方法

本次定向发行股票价格为每股人民币____元。

3. 发行股份数量及募集资金总额

本次发行股票的种类为人民币普通股。

公司以非公开定向发行的方式发行股票____万股人民币普通股，募集资金人民币____万元。

4. 公司挂牌以来分红派息、转增股份及其对公司本次发行的影响

在董事会决议日至股份认购股权登记日期间，公司预计不会发生除权、除息。

5. 本次发行股票的限售安排

本次定向发行的新增股份登记在中国证券登记结算有限公司北京分公司。

6. 募集资金用途

7. 本次发行前滚存未分配利润的处置方案

8. 本次定向发行涉及主管部门审批、核准或备案事项情况

截至股权登记日即____年____月____日，公司在册股东数为____名。本次定向发行拟新增股东____名。发行后，公司股东人数不会超过200人。因此，本次股票发行完成后需要向全国中小企业股份转让系统有限责任公司备案，不涉及其他主管部门的审批、核准事项。

9. 决议的有效期

以上议案，请各位董事审议。

____股份有限公司　董事会

年　　月　　日

二、关于定向发行的法律意见书

____律师事务所关于____股份有限公司定向发行股票的法律意见书

声明

释义

正文

一、本次股票发行人的主体资格

经本所律师核查，根据发行人现持有的《企业法人营业执照》及《公司章程》，发行人为永久存续的股份有限公司，截至本法律意见书出具之日，不存在根据有关法律、法规、规范性文件和《公司章程》规定的公司应终止的情形。

二、本次股票发行的认购对象及认购情况

（一）本次股票发行的认购对象

（二）本次股票发行的认购情况

本次股票发行的认购情况如下：

序号	名称/姓名	认购股份数量（股）	认购方式

经本所律师核查，发行人本次发行的认购对象为____认购人，其中____为发行人公司的董事、监事、高级管理人员和核心员工。

综上，本所律师认为，发行人本次股票发行的认购对象符合《非上市公众公司监督管理办法》第三十九条及《全国中小企业股份转让系统投资者适当性管理细则》第六条的规定，本次股票发行的认购对象符合中国证券监督委员会

（以下简称"证监会"）及全国中小企业股份转让系统有限责任公司（以下简称"全国股转系统公司"）关于投资者适当性制度的规定，合法、合规。

三、本次股票发行公司符合豁免向证监会申请核准股票发行的条件

《非上市公众公司监督管理办法》第四十五条规定："在全国中小企业股份转让系统挂牌公开转让股票的公众公司向特定对象发行股票后股东累计不超过200人的，中国证监会豁免核准，由全国中小企业股份转让系统自律管理，但发行对象应当符合本办法第三十九条的规定。"①

经本所律师核查，发行人本次发行前股东人数为＿＿＿＿名，本次股票发行新增股东＿＿＿＿名，本次股票发行完成后，发行人股东人数合计＿＿＿＿名。

本次股票发行前后股东具体情况如下：

1. 本次股票发行前股东的具体情况

2. 本次股票发行后股东的具体情况

经本所律师核查，发行人本次股票发行完成后，发行人股东人数累计未超过200人，符合《非上市公众公司监督管理办法》第四十五条规定的豁免向证监会核准股票定向发行之情形。本次股票发行期间，没有任何股东之间进行股权转让。

本所律师认为，发行人本次股票发行后，累计股东人数未超过200人，符合《非上市公众公司监督管理办法》中关于豁免向证监会申请核准股票发行的条件。

四、本次股票发行的过程与结果

（一）本次股票发行的批准和授权

经本所律师核查，本所律师认为，发行人＿＿＿＿年第＿＿＿＿次股东大会的召开和表决程序符合有关法律、法规和规范性文件以及《公司章程》的规定。

经本所律师核查，本所律师认为，发行人＿＿＿＿年第＿＿＿＿次股东大会作出的关于本次股票发行的决议内容合法有效，本次股票发行已获得股东大会审议通过。

经本所律师核查，发行人＿＿＿＿年第＿＿＿＿次股东大会对董事会办理发行人本次股票发行作出了授权。

本所律师认为，发行人股东大会作出的与本次股票发行有关的决议内容，在股东大会的职权范围之内，对董事会的授权符合《中华人民共和国公司法》（以下简称《公司法》）和《公司章程》的规定，该授权合法有效。

（二）本次股票发行的缴款及验资

综上，本所律师认为，发行人本次股票发行的董事会、股东大会的召开程序、表决方式符合国家有关法律、法规以及《公司章程》的规定，审议表决结果合法有效。

---

① 《非上市公众公司监督管理办法》第四十五条，根据2013年12月26日中国证券监督管理委员会《关于修改〈非上市会众公司监督管理办法〉的决定》修订。

综上，本所律师认为，发行人与认购人签署的《定向增发股份认购合同》《____股份有限公司董事、监事、高级管理人员、核心员工认购股份协议书》系各方真实意思表示，内容真实有效，与本次股票发行相关的合同等法律文件合法、合规，对发行人及认购人具有约束力。

五、本次股票发行现有股东优先认购安排

本所律师认为，发行人本次股票发行优先认购的安排符合《全国中小企业股份转让系统股票发行业务细则（试行)》（以下简称《发行业务细则》）等相关规定，不存在侵犯股东优先认购权的情形，符合《发行业务细则》的规定。

六、关于私募投资基金管理人或私募投资基金登记备案情况的核查

（一）关于本次发行对象的私募投资基金管理人或私募投资基金登记备案情况的核查

本所律师查阅了本次发行对象的身份证明等资料，本次发行对象均为自然人，不属于需要办理私募投资基金管理人或私募投资基金登记备案的情况。

（二）关于发行人现有股东的私募投资基金管理人或私募投资基金登记备案情况的核查

本所律师查阅了中国证券登记结算有限责任公司北京分公司出具的《证券持有人名册》，并通过全国企业信用信息公示系统（http：//gsxt.saic.gov.cn/）、中国证券投资基金业协会网站（http：//www.amac.org.cn/）进行了查询。根据本所律师的核查，截至股权登记日____年____月____日，发行人本次发行前共有股东____名，其中：自然人股东____名、机构股东____名，发行人在册机构股东的私募投资基金登记备案情况如下：

1.私募投资基金

本所律师通过中国证券投资基金业协会网站（http：//www.amac.org.cn/）进行了查询。根据本所律师的核查，____投资中心（有限合伙）（以下简称"____"）已于____年____月____日在中国证券投资基金业协会办理私募投资基金备案手续，备案编码为____；____的管理人为____公司，已于____年____月____日在中国证券投资基金业协会办理私募基金管理人登记手续，登记编号为____。

2.其他机构股东

本所律师查阅了发行人现有股东____投资中心（有限合伙）（以下简称"____"）、____投资中心（有限合伙）（以下简称"____"）的营业执照、工商登记信息等资料。根据本所律师的核查，____、____的股东均为自然人且主要为发行人或其子公司的员工；其注册资本全部来源于自有资金，并非以非公开方式向不特定人（合格投资者）筹集的资金。____、____不属于私募投资基金管理人或私募投资基金，不需要按照《证券投资基金法》《私募投资基金监督管理暂行办法》及《私募投资基金管理人登记和基金备案办法（试行)》等相关规定履

行登记备案程序。

七、关于本次发行是否存在代持情形的核查

本所律师查阅了本次发行对象缴付认购款的原始单据及其出具的《关于不存在代持的声明》。根据本所律师的核查，本次发行对象认购的公司股票均为其真实持有，不存在为他人代持、信托持股的情形，就该等股票认购除上述本次发行对象与公司签署的认购协议外，与公司不存在有其他利益安排的情形；本次发行对象用于出资的款项均为其自有资金，不存在受他人委托持有公司股份的情形。

八、关于本次发行是否存在持股平台的核查

根据本所律师的核查，本次发行对象均为自然人，不属于《非上市公众公司监管问答——定向发行（二）》规定的单纯以认购股份为目的而设立的公司法人、合伙企业等持股平台且不具有实际经营业务的情形。

本所律师认为，公司本次发行不存在法律、法规和规范性文件规定的禁止参与非上市公众公司定向发行的持股平台认购股份的情形。

九、关于公司治理规范性及关联方资金占用情况的核查

（一）公司治理规范性核查

本所律师查阅了《公司章程》《股东大会议事规则》《董事会议事规则》《监事会议事规则》等内控制度。根据本所律师的核查，公司已根据《公司法》《非上市公众公司监管指引第3号——章程必备条款》等相关法律法规的规定制定了《公司章程》；公司设置了股东大会、董事会、监事会等决策及监督机构，明晰了机构职责和以上规则；自发行人整体变更设立为股份有限公司起，发行人的股东大会会议、董事会会议、监事会会议的召开程序、决议内容符合有关法律、法规及《公司章程》的规定。

（二）关联方资金占用情况的核查

十、关于本次发行是否违反连续发行规定的核查

根据本所律师核查，____年____月____日公司召开第____届董事会第____次会议审议通过《关于____股份有限公司定向发行股票的议案》前，公司不存在股票发行未完成新增股份登记手续的情况。

本所律师认为，本次发行的董事会会议召开前，公司不存在未完成前次新增股份登记手续的情形，公司本次发行符合《挂牌公司股票发行常见问题解答（二）——连续发行》之规定。

十一、关于本次发行募集资金的管理和使用

根据《股票发行方案》，本次募集资金主要用于____。根据本所律师的核查，《股票发行方案》详细对本次发行募集资金的用途及必要性进行了披露；公司本次发行的募集资金用于____，不存在募集资金用于持有交易性金融资产和可供出售的金融资产或借予他人、委托理财等财务性投资，直接或者间接投资于以买卖有价证券为主营业务的公司，用于股票及其他衍生品种、可转换公司债券等

的交易，通过质押、委托贷款或其他方式变相改变募集资金用途等情形。

本所律师查阅了本次发行对象缴付认购款的原始单据、《____股份有限公司募集资金管理办法》以及公司与____签署的《募集资金三方监管协议》、募集资金专户开户证明等资料。根据本所律师的核查，公司已经在____开立募集资金专户，并作为认购账户，专项用于存放本次发行的募集资金。

本所律师认为，公司本次发行符合募集资金专户管理以及募集资金信息披露要求。

十二、关于是否存在提前使用募集资金的情况

本所律师查阅了公司本次募集资金专户从开户至____年____月____日的银行明细对账单，截至____年____月____日，公司未提前使用本次发行募集资金，同时，公司出具《关于募集资金使用的承诺》，承诺在取得全国股转系统关于本次发行股票的登记函前，不使用本次发行的募集资金。

本所律师认为，公司没有提前使用本次发行募集资金的情况，符合《全国中小企业股份转让系统股票发行业务指南》的规定。

十三、关于公司等相关主体和本次发行对象是否属于失信联合惩戒对象的核查

本所律师登录"信用中国网站"（www.creditchina.gov.cn）进行了搜索查询，根据本所律师核查，公司及其控股子公司、控股股东、实际控制人、董事、监事、高级管理人员，以及本次发行对象未被列入失信联合惩戒对象名单。

本所律师认为，截至本法律意见书出具之日，公司等相关主体和本次发行对象均不属于失信联合惩戒对象，符合相关法律、法规和规范性文件的规定。

十四、本次股票发行的认购定价

本所律师认为，本次股票发行定价合理，本次股票发行的认购对象不是会计准则中关于股份支付的合格授予对象。

十五、本次股票发行其他需要说明的事项

综上，截至本法律意见书出具之日，发行人已经按照相关规定，真实、准确、完整、及时、公平地披露了本次股票发行应当披露的信息。

十六、结论意见

综上所述，本所律师认为：

1. 发行人本次股票发行符合豁免向证监会申请核准股票发行的条件。

2. 本次股票发行的____名认购对象人数和资格均符合证监会及全国股转系统公司关于投资者适当性制度规定的条件，具有参与认购资格。

3. 本次股票发行已经获得发行人董事会、股东大会的审议通过，会议的召集、召开程序、出席会议人员的资格及会议的表决程序均符合《公司法》《公司章程》的规定，发行人董事会、股东大会会议通过的决议合法、合规、有效，本次发行过程合法、合规。

4. 本次股票发行的认购资金已经全部缴纳并经会计师事务所验资验证，本次股票发行的发行结果符合发行人股东大会审议通过的更正的《公司____年股票发行方案的议案》，发行结果合法、合规。

5. 与本次股票发行相关的《定向增发股份认购合同》等法律文件合法、合规，符合《公司法》《发行业务细则》相关法律、法规及规范性文件规定。

6. 本次股票发行的优先认购安排合法有效，不存在侵犯原股东优先认购权的情形，符合《发行业务细则》的规定。

7. 本次股票发行价格系各方根据发行人目前的经营状况和行业前景协商确定，认购对象以现金方式认购，认购对象不存在需要向发行人提供服务、业绩达到特定目标为前提等涉及股份支付的履约条件。发行人本次股票发行不适用《会计准则第 11 号——股份支付》准则。本次股票发行价格定价合理，价格决策程序合法，股票发行价格未有显失公允之处，不存在损害原股东利益的情况。

8. 截至本法律意见书出具之日，发行人已经按照相关规定，真实、准确、完整、及时、公平地披露了本次股票发行应当披露的信息。

____律师事务所　负责人：

经办律师：

年　　月　　日

第四节　有关募集资金的规范管理

为了预防新三板挂牌公司提前使用募集资金，或将本应用于投入生产经营的募集资金用来投资理财炒股，以及用来偿还欠款等挪用募集资金的行为，股转公司出台了《挂牌公司股票发行常见问题解答（三）——募集资金管理、认购协议中特殊条款、特殊类型挂牌公司融资》的通知，对挂牌公司在新三板定向发行股票所募集的资金进行了规范，设置了一些禁止性的条款，对于募集资金的使用范围、使用权限以及使用程序等有了明确的规定，避免了新三板挂牌公司对募集资金使用的乱象。

一、募集资金的使用

《挂牌公司股票发行常见问题解答（三）——募集资金管理、认购协议中特殊条款、特殊类型挂牌公司融资》对挂牌公司的募集资金的使用作了如下规定：

（1）挂牌公司募集资金应当用于公司主营业务及相关业务领域。

（2）除金融类企业外，募集资金不得用于持有交易性金融资产和可供出售的金融资产或借予他人、委托理财等财务性投资，不得直接或者间接投资于以买卖有价证券为主营业务的公司，不得用于股票及其他衍生品种、可转换公司债券等的交易。

（3）不得通过质押、委托贷款或其他方式变相改变募集资金用途。

（4）暂时闲置的募集资金可以进行现金管理，经履行法律法规、规章、规范性文件以及公司章程规定的内部决策程序并披露后，可以投资于安全性高、流动性好的保本型投资产品。

（5）挂牌公司应当防止募集资金被控股股东、实际控制人或其关联方占用或挪用，并采取有效措施避免控股股东、实际控制人或其关联方利用募集资金投资项目获取不正当利益。

（6）挂牌公司应当按照发行方案中披露的募集资金用途使用募集资金，改变募集资金用途的，应当在董事会审议后及时披露，并提交股东大会审议。

二、募集资金的专户管理

《挂牌公司股票发行常见问题解答（三）——募集资金管理、认购协议中特殊条款、特殊类型挂牌公司融资》对挂牌公司的募集资金设立专户管理规定如下：

（1）挂牌公司应当建立募集资金存储、使用、监管和责任追究的内部控制制度，明确募集资金使用的分级审批权限、决策程序、风险控制措施及信息披露要求。

（2）挂牌公司募集资金应当存放于公司董事会为本次发行批准设立的募集资金专项账户（以下简称"专户"），并将专户作为认购账户，该专户不得存放非募集资金或用作其他用途。

（3）挂牌公司应当在发行认购结束后验资前，与主办券商、存放募集资金的商业银行签订三方监管协议，三方监管协议应当在股票发行备案材料中一并提交报备。

（4）挂牌公司董事会应当每半年度对募集资金使用情况进行专项核查，出具《公司募集资金存放与实际使用情况的专项报告》，并在披露挂牌公司年度报告及半年度报告时一并披露。

（5）主办券商应当每年就挂牌公司募集资金存放及使用情况至少进行一次现场核查，出具核查报告，并在挂牌公司披露年度报告时一并披露。

三、股票发行方案的信息披露要求

《挂牌公司股票发行常见问题解答（三）——募集资金管理、认购协议中特殊条款、特殊类型挂牌公司融资》规定在股票发行方案中应当具备以下内容：

（1）挂牌公司股票发行方案中应当详细披露本次发行募集资金的用途并进行必要性和可行性分析：①募集资金用于补充流动资金的，应当结合公司目前的经营情况、流动资金情况，说明补充流动资金的必要性和测算的过程。②募集资金用于偿还银行贷款的，应当列明拟偿还贷款的明细情况，披露募集资金偿还贷款对挂牌公司经营和财务状况的影响。③募集资金用于项目建设的，应当结合项目立项文件、工程施工预算、采购协议及其他资金使用计划量化说明资金需求和资金投入安排。④募集资金用于股权收购的，应当对标的资产与挂牌公司主业的相关程度、协同效应进行说明，列明收购后对挂牌公司资产质量及持续经营能力的影响。⑤募集资金用于购买非股权资产（是指构成可独立核算会计主体的经营性资产）的，发行前挂牌公司应当与交易对方签订合同或协议，在发行方案中披露交易价格，并有审计报告或者资产评估报告的支持。⑥挂牌公司发行股份购买资产构成重大资产重组并募集配套资金的，应当从以下方面进行说明，包括但不限于：挂牌公司前次募集资金金额、具体用途及剩余资金安排；本次配套募集资金与本次重组事项的相关性，募集资金金额是否与挂牌公司及标的资产现有生产经营规模、财务状况相匹配等。独立财务顾问应当对募集资金用途、合理性、必要性进行核查并发表明确意见。⑦募集资金用于其他用途的，应当明确披露募集资金用途、资金需求的测算过程及募集资金的投入安排。

（2）挂牌公司股票发行方案中应当详细披露前次发行募集资金的使用情况，包括募集资金的具体用途、投入资金金额以及对挂牌公司经营和财务状况的影响等。

（3）挂牌公司的主办券商应当在"主办券商关于股票发行合法合规性意见"中就挂牌公司本次发行是否符合募集资金专户管理要求、是否符合募集资金信息披露要求等逐项发表明确意见。

四、认购协议中的禁止性条款

根据《挂牌公司股票发行常见问题解答（三）——募集资金管理、认购协议中特殊条款、特殊类型挂牌公司融资》的规定，认购协议不得存在以下情形：

（1）挂牌公司作为特殊条款的义务承担主体。

（2）限制挂牌公司未来股票发行融资的价格。

（3）强制要求挂牌公司进行权益分派，或不能进行权益分派。

（4）挂牌公司未来再融资时，如果新投资方与挂牌公司约定了优于本次发行的条款，则相关条款自动适用于本次发行认购方。

（5）发行认购方有权不经挂牌公司内部决策程序直接向挂牌公司派驻董事或者派驻的董事对挂牌公司经营决策享有一票否决权。

（6）不符合相关法律、法规规定的优先清算权条款。

（7）其他损害挂牌公司或者挂牌公司股东合法权益的特殊条款。

五、挂牌公司股票转让的限制

虽然新三板对挂牌公司定向发行股票没有规定锁定期，股东可以随时转让股票，但挂牌公司作为股份有限公司，在公司股票的转让上应当受到《公司法》的限制。《公司法》第一百四十一条规定：公司董事、监事、高级管理人员应当向公司申报所持有的本公司的股份及其变动情况，在任职期间每年转让的股份不得超过其所持有本公司股份总数的 25%；所持本公司股份子公司股票上市交易之日起一年内不得转让。上述人员离职后半年内，不得转让其所持有的本公司股份。所以，挂牌公司的董事、监事、高级管理人员在转让自己所有的公司股份的时候，一是要及时向公司申报，二是按照股票的转让限制分批转让。

六、对失信主体实施联合惩戒措施

针对新三板市场前段时期出现的个别挂牌公司通过股票定向发行募集到资金后，进行非生产资金的挪用、抽逃公司资金等严重损害投资者利益的行为，全国股转系统公司出台了《关于对失信主体实施联合惩戒措施的监管问答》的规范性文件，对违反协议、侵害投资者权益的失信者做出以下惩戒措施：

（1）对于司法执行及环境保护、食品药品、产品质量等联合惩戒文件已规定实施联合惩戒措施的领域，全国股转系统公司根据相关失信联合惩戒文件规定，对列入相应政府部门公示网站所公示的失信被执行人名单及环保、食品药品、产品质量领域严重失信者名单的失信联合惩戒对象实施惩戒措施。

（2）对其他领域的失信者，若发改委、证监会等多部门联合签署并发布了相应领域联合惩戒文件，且规定涉及全国股转系统的联合惩戒措施的，全国股转系统公司根据相关失信联合惩戒文件对列入相应政府部门公示网站公示名单的失信联合惩戒对象实施惩戒措施。

（3）申请挂牌公司及相关主体（包括申请挂牌公司的法定代表人、控股股东、实际控制人、董事、监事、高级管理人员，以及控股子公司）为失信联合惩戒对象的，限制其在全国股转系统挂牌。

（4）主办券商应核查政府部门公示网站公示的失信联合惩戒对象名单，确保申请挂牌公司及其控股子公司、申请挂牌公司的"法定代表人、控股股东、实际控制人、董事、监事、高级管理人员"自申报报表审计基准日至申请挂牌文件受理时不存在被列入名单情形，挂牌审查期间被列入名单的，主办券商应待相应主体移出名单后重新推荐申报。

（5）除对失信联合惩戒对象名单的核查外，主办券商及律师还应充分核查前述主体是否存在因违法行为而被列入环保、食品药品、产品质量和其他领域各级监管部门公布的其他形式"黑名单"的情形，结合具体情况对申请挂牌公司是否符合"合法规范经营"的挂牌条件出具明确意见。

（6）失信联合惩戒对象不得担任挂牌公司董事、监事和高级管理人员。挂牌公司不得聘任或选举失信联合惩戒对象担任公司董事、监事和高级管理人员。董事、监事和高级管理人员发生变更时，挂牌公司应在董事、监事和高级管理人员变动公告中明确披露新任董事、监事和高级管理人员是否为失信联合惩戒对象。挂牌公司现任董事、监事和高级管理人员属于失信联合惩戒对象的，应及时组织改选或另聘，拒不执行的，全国股转系统公司有权采取相应监管措施。

（7）挂牌公司或其控股股东、实际控制人、控股子公司被纳入失信联合惩戒对象的，应在上述事实发生之日起 2 个转让日内，披露相应主体被纳入失信联合惩戒对象名单的原因、解决进展和后续处理计划。同时，挂牌公司还应披露上述主体被纳入失信联合惩戒对象名单对公司持续经营能力和股东权益保护的影响。

（8）挂牌公司实施股票发行，主办券商和律师应当对挂牌公司等相关主体和股票发行对象是否属于失信联合惩戒对象进行核查并发表意见。挂牌公司或其控股股东、实际控制人、控股子公司属于失信联合惩戒对象的，在相关情形消除前不得实施股票发行。挂牌公司股票发行对象属于失信联合惩戒对象的，主办券商和律师应对其被纳入失信联合惩戒对象名单的原因、相关情形是否已充分规范披露进行核查并发表明确意见。挂牌公司应当在《股票发行情况报告书》中对上述情况进行披露。

（9）挂牌公司实施重大资产重组，挂牌公司及其控股股东、实际控制人、控股子公司，标的资产及其控股子公司不得为失信联合惩戒对象，独立财务顾问和律师应对上述情况进行核查并发表意见。此外，独立财务顾问和律师还应当对交易对手方及其实际控制人是否属于失信联合惩戒对象进行核查并发表意见。如涉及失信联合惩戒对象，独立财务顾问和律师应对其被纳入失信联合惩戒对象名单的原因、相关情况是否已规范披露，是否可能造成标的资产存在权属纠纷或潜在诉讼，是否可能损害挂牌公司及股东的合法权益进行核查发表明确意见。挂牌公司应当在《重大资产重组报告书》中对上述情况进行披露。

附录:

一、募集资金三方监管协议

募集资金三方监管协议①

甲方:_____公司

乙方:_____银行_____分行/支行

丙方:_____(主办券商)

注释:协议甲方是实施募集资金投资项目的法人主体,如果募集资金投资项目由挂牌公司直接实施,则挂牌公司为协议甲方,如果由子公司或者挂牌公司控制的其他企业实施,则挂牌公司、子公司或者挂牌公司控制的其他企业为协议共同甲方。

本协议以全国中小企业股份转让系统股票发行相关业务规则中相关条款为依据制定。

为规范甲方募集资金管理,保护投资者合法权益,根据有关法律法规及全国中小企业股份转让系统股票发行相关业务规则的规定,甲、乙、丙三方经协商,达成如下协议:

一、甲方已在乙方开设募集资金专项账户(以下简称"专户"),账号为_____,专户金额为_____。该专户仅用于甲方_____(募集资金用途),不得用作其他用途。

二、甲乙双方应当共同遵守《中华人民共和国票据法》《支付结算办法》《人民币银行结算账户管理办法》等法律、行政法规、部门规章。

三、丙方作为甲方的主办券商,应当依据有关规定指定项目负责人或者其他工作人员对甲方募集资金使用情况进行监督。丙方应当依据全国中小企业股份转让系统股票发行相关业务规则要求履行持续督导职责,并有权采取现场核查、书面问询等方式行使其监督权。甲方和乙方应当配合丙方的核查与查询。丙方对甲方现场核查时应同时检查募集资金专户存储情况。

四、甲方授权丙方指定的项目负责人_____、_____可以随时到乙方查询、复印甲方专户的资料;乙方应当及时、准确、完整地向其提供所需的有关专户的资料。

丙方指定的项目负责人向乙方查询甲方专户有关情况时应出具本人的合法身份证明;丙方指定的其他工作人员向乙方查询甲方专户有关情况时应出具本人的

---

① 资料来源:全国中小企业股份转让系统官网(http://www.neeq.com.cn)。

合法身份证明和单位介绍信。

五、乙方按月（每月＿＿＿＿＿日之前）向甲方出具对账单，并抄送丙方。

乙方应保证对账单内容真实、准确、完整。

六、甲方一次或者十二个月以内累计从专户中支取的金额超过＿＿＿＿＿万元或募集资金净额的＿＿＿＿＿％（具体金额或比例由甲方与丙方协商确定）的，乙方应当及时以传真方式通知丙方，同时提供专户的支出清单。

七、丙方有权根据有关规定更换指定的项目负责人。丙方更换指定项目负责人的，应将相关证明文件书面通知乙方，同时按本协议要求向甲方、乙方书面通知更换后的项目负责人联系方式。更换丙方项目负责人不影响本协议的效力。

八、乙方连续三次未及时向丙方出具对账单或者向丙方通知专户大额支取情况，以及存在未配合丙方调查专户情形的，丙方有权提示甲方及时更换专户，甲方有权单方面终止本协议并注销募集资金专户。

九、本协议自甲、乙、丙三方法定代表人或其授权代表签署并加盖各自单位公章之日起生效，至专户资金全部支出完毕后失效。

十、本协议一式＿＿＿＿份，甲、乙、丙三方各持一份，向全国中小企业股份转让系统报备一份，其余留甲方备用。

二、公司募集资金存放与实际使用情况的专项报告

＿＿＿＿股份有限公司
关于公司募集资金存放与实际使用情况的专项报告
（参考模板）

本公司董事会及全体董事保证本公告内容不存在任何虚假记载、误导性陈述或者重大遗漏，并对其内容的真实性、准确性和完整性承担个别及连带责任。

根据《非上市公众公司监督管理办法》《全国中小企业股份转让系统业务规则（试行）》《全国中小企业股份转让系统股票发行业务细则（试行）》及《挂牌公司股票发行常见问题解答（三）——募集资金管理、认购协议中特殊条款、特殊类型挂牌公司融资》等相关规定，董事会对公司＿＿＿＿年度募集资金存放与实际使用情况进行专项报告。

一、募集资金基本情况
二、募集资金管理情况
三、本年度募集资金的实际使用情况
四、变更募投项目的资金使用情况
1. 募集资金原使用计划
2. 募集资金使用变更用途情况
3. 变更募集资金用途情况履行程序说明

五、募集资金使用及披露中存在的问题

　　　　　　　　　　　　　　　　____股份有限公司　董事会
　　　　　　　　　　　　　　　　　　　年　月　日

第五节　挂牌公司股票发行的审查

　　全国股转系统从受理材料到出具审查意见通常需要 30 个工作日。即使加上中国证监会出具核准挂牌公司公开转让文件的时间，从申报材料到挂牌完成一般也不超过 40 个工作日。为提高工作效率，全国股转系统实施"电子化报送、网络化沟通"的办公系统，尽量简化审查流程，以实现公司在申请挂牌时不会出现排队现象。

一、股票公开转让、股票公开发行的审查工作流程

　　根据《股份公司申请在全国中小企业股份转让系统公开转让、股票发行的审查工作流程》的规定，股东人数未超过 200 人的股份公司申请股票在全国股转系统挂牌公开转让、股票发行（包括股份公司申请挂牌同时发行、挂牌公司申请股票发行）的审查工作流程如下：

　　（1）全国股转系统公司设接收申请材料的服务窗口，通过窗口接收申请材料。全国股转系统公司对申请材料的齐备性、完整性进行检查：需要申请人补正申请材料的，按规定提出补正要求；申请材料形式要件齐备，符合条件的，全国股转系统公司出具接收确认单。

　　（2）对于审查中需要申请人补充披露、解释说明或中介机构进一步核查落实的主要问题，全国股转系统公司审查人员撰写书面反馈意见，由窗口告知、送达申请人及主办券商。

　　（3）申请人应当在反馈意见要求的时间内向窗口提交反馈回复意见；如需延期回复，应提交申请，但最长不得超过 30 个工作日。

　　（4）申请材料和回复意见审查完毕后，全国股转系统公司出具的同意挂牌函或不同意挂牌函或股票发行（包括股份公司申请挂牌同时发行、挂牌公司申请股票发行）的审查意见，窗口将审查意见送达申请人及相关单位。

二、股东超过 200 人的非上市公司报送材料

（1）根据中国证监会发布的《监督管理办法》的相关规定，股东人数超过 200 人以及定向发行导致股东人数超过 200 人的非上市公众公司定向发行均需要中国证监会审核。中国证监会在全国股转系统公司办公地点（北京市西城区金融大街丁 26 号金阳大厦）设行政许可受理窗口，专门受理非上市公众公司申请股票公开转让、定向发行的申请。申请材料应符合《监督管理办法》《非上市公众公司监管指引第 2 号——申请文件》等有关规定的要求。证监会依法接收申请人的申请材料，并出具申请材料接收凭证和受理通知书。证监会依法在受理申请之日起 20 个工作日内作出准予或不予行政许可的决定。受理窗口将核准文件送达申请人及相关单位。

（2）根据《非上市公众公司监管指引第 2 号——申请文件》的要求，股票公开转让、股票向特定对象发行或者转让导致股东累计超过 200 人的公司，在向中国证监会申请核准时，应当按本指引的要求制作和报送下列申请文件：①申请报告；②公开转让说明书/定向转让说明书/定向发行说明书；③公司章程（草案）；④企业法人营业执照；⑤股东大会及董事会相关决议；⑥财务报表及审计报告；⑦法律意见书；⑧证券公司关于公开转让/定向发行的推荐工作报告；⑨中国证监会规定的其他文件。

三、股东不超过 200 人的非上市公司报送材料

（1）根据《监督管理办法》的规定：公众公司向特定对象发行股票后股东累计不超过 200 人的，或者公众公司在 12 个月内发行股票累计融资额低于公司净资产的 20% 的，豁免向中国证监会申请核准，但应在每次发行后 5 个工作日内将发行情况报中国证监会备案。挂牌公开转让须经全国股转系统公司审查同意，中国证监会豁免核准，纳入非上市公众公司统一监管。

（2）根据《非上市公众公司信息披露和格式准则第 4 号——定向发行申请文件》，挂牌公司定向发行向全国股转系统公司备案时，应报送的申请文件如下：①申请人关于定向发行的申请报告；②定向发行说明书；③申请人关于定向发行的董事会决议；④申请人关于定向发行的股东大会决议；⑤主办券商定向发行推荐工作报告；⑥申请人最近两年一期财务报告及其审计报告；⑦法律意见书；⑧与本次定向发行收购资产相关的最近一年一期财务报告及其审计报告、资产评估报告（如有）。

四、申请材料接收的须知

根据《全国中小企业股份转让系统申请材料接收须知》的规定，全国股转系统公司设立接收服务窗口，接收服务窗口地址为：北京市西城区金融大街丁26号金阳大厦南门一层，设专职人员负责材料接收工作，全国股转系统公司仅接收现场报送材料，不接收以邮寄、传真等非现场方式提交的材料。申请挂牌公司在报送材料时，要注意以下事项：

（1）报送申请材料和领取公文时，请出具单位介绍信、身份证（附身份证复印件）等身份证明文件。如受他人委托报送申请材料和领取公文时，应提交相关授权委托书及受托人身份证明文件。

（2）报送申请材料时，首先应对照各项业务申请材料目录核查材料的齐备性。

（3）申请材料接收后，全国股转系统公司接收服务窗口将为申请人开具《申请材料接收确认单》，并于当日将所接收申请材料移交相关部门。

（4）根据要求应当提供申报材料原件而不能提供的，应提供复印件，并由申请人律师提供鉴证意见，或由出文单位盖章，以保证与原件一致。申请人在每次报送书面原件的同时，应按全国股转系统公司要求报送相应份数的复印件和标准电子文件。电子文件应以光盘形式提交。

（5）申请材料应统一编制目录，按目录标明页码，并以A4纸打印、硬壳文件夹装订。申请文件章节之间应有明显的分隔标识。报送材料首页应列明公司经办人员和有关中介机构的姓名（或名称）和联系电话。文件夹立面应注明公司名称和所办事项。

（6）申请书应当以公司红头文件印制，由公司法定代表人签发。中介机构出具的专项报告，应附有签字律师、会计师、评估师及其所在机构的证券从业资格证书复印件，该复印件须由该机构盖章确认并说明用途。法律意见书应由律师事务所负责人和两名经办律师签字。

（7）全国股转公司接收服务窗口工作时间为每个交易日的8：30—11：30，13：30—17：00。

（8）接收服务窗口咨询电话：010－63889513。

五、申请材料接收工作的注意事项

根据全国股转系统公司发布的《关于做好申请材料接收工作有关注意事项的通知》的规定，申请挂牌公司在报送申请材料时，要注意以下事项：

1. 有关申请文件的制作

申请文件的编排应严格按照相关业务规则要求的文件目录顺序编排。电子文档包含"书面文件扫描版"和"书面文件 WORD 版",其中"书面文件扫描版"包括通过扫描所有书面文件形成的电子文档,通常为 PDF 格式。

2. 关于签名和盖章

(1)申请材料的主申请报告原则上应当以红头文件印制,标明文号,且必须由法定代表人签发并加盖公章。具体签发形式,可以在红头中印制签发人,也可以在申请报告落款处加盖法定代表人印章或由本人签字。

(2)申请材料包含多份文件的,应当以隔页纸区分,每份文件应由出文单位加盖骑缝章,并在落款处加盖公章。公司章程、制度等无落款的文件,应当在章程或制度首页标题上加盖公章。

(3)申请文件中的签名均应为签名人亲笔签名,不得以名章、签名章等代替。董事、监事、高级管理人员的声明和承诺文件,还应当附见证律师的从业资格证明文件。

3. 关于身份证明文件

办事人员代表申请主体到窗口办理业务应当提交身份证明文件。如申请主体在授权书或介绍信中明确指明××自然人代表办理相应业务的,身份证明文件包括该授权书或介绍信,以及办事人员的身份证复印件。如申请主体在授权书中指明××单位代表办理业务,被指明的单位应当出具介绍信明确具体办事人员,身份证明文件包括授权书、被授权的单位出具的介绍信和办事人员的身份证复印件。

4. 关于书面反馈回复

(1)书面反馈回复必须加盖出文单位公章。

(2)书面反馈回复应当按照书面反馈要求提交相应份数的书面材料和电子版材料。如书面材料较多可以装订成硬壳夹。

(3)提交书面反馈回复,应当同时附《审查反馈意见通知书》复印件,便于窗口工作人员对照检查。

(4)书面反馈回复应当以问答形式对书面反馈要求逐一作出回应。根据书面反馈要求不同,回复意见应当区别说明:回复意见属于补充、完善、说明类型,应当具体说明补充、完善的内容;回复意见属于修改类型,应当对比说明原内容和修改后的内容,如回复修改内容比较复杂,可以直接说明修改内容;回复意见属于删除类型,可以在回复中直接说明"此内容已删除,在×××(文件)中体现";回复意见属于格式修改,如编号、页码、文件位置等格式问题,可以在回复中说明"已修改,在×××(文件)中体现"。

5. 关于申请挂牌业务的其他要求

在窗口办理挂牌业务的申请人,除需符合以上工作要求以外,还应当注意以下事项:

(1)对需要申请挂牌公司补充披露的,公司应在反馈回复中说明补充披露的内容、中介机构结论性意见（如有），并说明需披露的内容在公开转让说明书中相应章节的修改情况，同时在公开转让说明书中以楷体加粗的格式进行修改。

（2）对需要中介机构补充提供、调查或发表意见的，中介机构应在各自需提交反馈文件的相应部分补充提供尽职调查过程中的基础性资料、进一步尽职调查的内容以及结论性意见。

（3）反馈回复材料应当在主办券商盖章页同时附内核专员、项目负责人、项目小组成员的签字。

（4）整套申请材料目录前，应单独制作《挂牌公司基本信息和联系方式表》。其中联系方式的座机栏，应当填写直拨座机号码（如是分机，需提供分机号码）。

六、挂牌公司股票发行审查要点

根据全国股转系统发布的《挂牌公司股票发行审查要点》的规定，全国股转系统公司在审查申报文件时，将按照规定的项目进行形式审查。《挂牌公司股票发行审查要点》的具体规定如下：

挂牌公司股票发行审查要点①

第一阶段②的审查——股票发行方案披露后的审查要点

编号	审查内容	审查中的关注要点
	一、董事会决议	
1.1	董事会通过决议后，就董事会决策程序和决议内容进行审查	1. 已确定的发行对象应当与公司签署附生效条件的股票认购合同（部分发行对象确定的，已确定的发行对象也应当签署认购合同），并经董事会审议 2. 董事会应当履行公司章程规定的表决权回避程序；董事会决策程序和决议内容应当符合《公司法》《监督管理办法》等有关规定 3. 对于交易活跃的挂牌公司，在董事会通过股票发行方案后，发布召开审议股票发行方案的股东大会通知时，应当及时查询截至股东大会股权登记日的股东人数，以判断本次股票发行是否属于发行后股东人数超过200人的情形

---

① 资料来源：全国中小企业股份转让系统官网（http://www.neeq.com.cn）。
② 其他阶段略。

（续上表）

编号	审查内容	审查中的关注要点
	二、股票发行方案	
2.1	"公司基本信息"部分是否包含以下信息	
2.1.1	公司名称、证券简称、证券代码，公司的注册地址、联系方式，公司的法定代表人、董事会秘书或信息披露负责人	审查有无这些基本信息
2.2	"发行计划"部分是否包含以下信息	
2.2.1	发行目的	审查有无这些基本信息
2.2.2	发行对象或发行对象的范围，以及现有股东的优先认购安排	1. 股票发行确定对象的，应介绍新增发行对象基本情况，并说明是否存在关联关系 2. 以现金认购发行股票的，现有股东在同等条件下对发行的股票享有优先认购权，除非公司章程另有规定（现有股东是指召开股东大会股权登记日的在册股东） 3. 排除适用优先认购的表述应当合规、清楚 4. 发行对象为券商的，应当明确是否为做市库存股
2.2.3	发行价格或价格区间，以及定价方法	1. 结合发行价格初步判定可能适用股份支付的，应当提醒主办券商做好股份支付的说明 2. 发行价格不确定的，应当明确价格区间，包括价格的上限和下限
2.2.4	发行股份数量或数量上限，预计募集资金总额	1. 发行价格与发行股份数量的乘积应该为预计募集资金总额 2. 发行价格区间与发行股份数量上限的乘积应该与预计募集资金总额对应
2.2.5	在董事会决议日至股份认购股权登记日期间预计将发生除权、除息的，是否已说明发行数量和发行价格是否相应调整；以及公司挂牌以来的分红派息、定向发行股本及其对公司价格的影响	公司股票发行期间涉及利润分配的，关注该部分的表述与利润分配方案的表述是否一致

（续上表）

编号	审查内容	审查中的关注要点
2.2.6	本次发行股票的限售安排或发行对象自愿锁定的承诺	1. 董事、监事、高级管理人员认购股份的应当按照《公司法》的规定进行限售 2. 如果有自愿限售安排的，应当说明自愿锁定的承诺，并应当提醒主办券商提交备案材料时一并提交自愿限售申请文件 3. 无限售安排的也需要进行说明
2.2.7	募集资金用途	审查有无这些基本信息
2.2.8	本次发行前滚存未分配利润的处置方案	审查有无这些基本信息
2.2.9	本次发行拟提交股东大会批准和授权的相关事项	审查有无这些基本信息
2.2.10	本次发行涉及主管部门审批、核准或备案事项情况	审查有无这些基本信息
2.3	"董事会关于本次发行对公司影响的讨论与分析"部分是否包含以下信息	
2.3.1	公司与控股股东及其关联人之间的业务关系、管理关系、关联交易及同业竞争等变化情况	审查有无这些基本信息
2.3.2	本次发行对其他股东权益或其他类别股东权益的影响	审查有无这些基本信息
2.3.3	与本次发行相关特有风险的说明	审查有无这些基本信息
2.4	发行方案中认购合同摘要（董事会确定发行对象的情形适用）是否包含以下信息	如果是确定了发行对象的股票发行，应注意： 1. 挂牌公司应当在召开董事会之前与确定的认购对象签订附生效条件的股票认购合同，并提交董事会审议 2. 应当在股票发行方案中披露认购合同摘要内容
2.4.1	合同主体、签订时间	审查有无这些基本信息
2.4.2	认购方式、支付方式	审查有无这些基本信息
2.4.3	合同的生效条件和生效时间	审查有无这些基本信息

（续上表）

编号	审查内容	审查中的关注要点
2.4.4	合同附带的任何保留条款、前置条件	合同附带的任何保留条款、前置条件都应当披露
2.4.5	自愿限售安排	自愿限售的安排是否与股票发行方案中的一致
2.4.6	估值调整条款	1. 挂牌公司不能参与对赌 2. 如果涉及对赌，对赌条款应当披露清楚 3. 对赌条款不能违反相关法律法规的规定
2.4.7	违约责任条款	审查有无这些基本信息
2.5	"其他重大事项"部分是否包含以下信息	
2.5.1	是否存在公司的权益被股东及其关联方严重损害且尚未消除的情形	审查有无这些基本信息
2.5.2	是否存在公司及其附属公司违规对外提供担保且尚未解除的情形	审查有无这些基本信息
2.5.3	是否存在现任董事、监事、高级管理人员最近24个月内受到过中国证监会行政处罚，或者最近12个月内受到过全国股转系统公司公开谴责的情形	审查有无这些基本信息
2.5.4	是否存在其他严重损害股东合法权益或者社会公共利益的情形	审查有无这些基本信息

第五章 挂牌公司在新三板中的市场业务

第一节 股票的转让

《业务规则》第 3.1.2 条规定：股票转让可以采取协议方式、做市方式、竞价方式或其他中国证监会批准的转让方式。经全国股转系统公司同意，挂牌股票可以转换转让方式。按照这条规定，在新三板挂牌的公司股票主要有三种转让形式，即协议转让方式、做市方式和竞价方式。目前，新三板市场上最常见的交易方式是协议转让和做市方式，中国证监会也正在进行调研、出台相关的法律规范来推广集合竞价方式，这是因为现在新三板市场上出现了一头热、一头冷的现象：一方面很多的中小企业申请或有打算申请在新三板挂牌，各地地方政府也积极地鼓励辖下的企业在新三板挂牌；但另一方面则是投资市场的冷清，投资者对在新三板市场上购买挂牌公司股份的兴趣不大。出现这一现象的主要原因在于在新三板挂牌的公司大多数是中小公司，在公司的规范化管理、信息及时披露以及财务审核制度方面做得不是太透明，使投资者在决定投资时瞻前顾后，不敢大胆投资。而通过集合竞价的方式则可以增强企业的透明度，激发投资者投资的热情，并逆向规范公司的经营管理和建立现代企业制度，为以后公司转板在主板市场上市提供良好的条件。

一、协议转让方式

《全国中小企业股份转让系统股票转让细则（试行）》（以下简称《股票转让细则》）第七十五条规定：投资者委托分为意向委托、定价委托和成交确认委托。意向委托是指投资者委托主办券商按其确定价格和数量买卖股票的意向指令。意向委托不具有成交功能。意向委托应包括证券账户号码、证券代码、买卖方向、委托数量、委托价格、联系人、联系方式等内容。定价委托是指投资者委托主办券商按其指定的价格买卖不超过其指定数量股票的指令。定价委托应包括证券账户号码、证券代码、买卖方向、委托数量、委托价格等内容。成交确认委托是指投资者买卖双方达成成交协议，或投资者拟与定价委托成交，委托主办券商以指定价格和数量与指定对手方确认成交的指令。成交确认委托应包括证券账户号码、证券代码、买卖方向、委托数量、委托价格、成交约定号等内容；拟与对手方通过互报成交确认委托方式成交的，还应注明对手方交易单元代码和对手方证券账户号码。

1. 协议转让股票的程序

根据《股票转让细则》的规定，协议转让股票的程序如下：

（1）股票挂牌时拟采取协议转让方式的，申请挂牌公司应当在提交挂牌申请材料的同时，向全国股转系统公司提交以下材料：①关于股票采取协议转让方式的申请。②关于同意公司股票采取协议转让方式的决议。③全国股转系统公司要求提交的其他材料。

（2）投资者与主办券商办理意向委托、定价委托和成交确认委托手续。

（3）全国股转系统公司接受主办券商的意向申报、定价申报和成交确认申报：意向申报应包括证券账户号码、证券代码、交易单元代码、证券营业部识别码、买卖方向、申报数量、申报价格、联系人、联系方式等内容；定价申报应包括证券账户号码、证券代码、交易单元代码、证券营业部识别码、买卖方向、申报数量、申报价格等内容；成交确认申报应包括证券账户号码、证券代码、交易单元代码、证券营业部识别码、买卖方向、申报数量、申报价格、成交约定号等内容；若投资者成交确认委托中包括对手方交易单元代码和对手方证券账户号码，其对应成交确认申报指令也应包括相关内容。

（4）全国股转系统公司在出具同意挂牌审查意见时，确认申请挂牌公司股票的转让方式。

（5）申请挂牌公司应当按照全国股转系统公司的要求在公开转让说明书和挂牌提示性公告中披露其股票转让方式。

（6）全国股转系统公司按照时间优先原则，将成交确认申报和与该成交确认申报证券代码、申报价格相同，买卖方向相反及成交约定号一致的定价申报进行确认成交。成交确认申报与定价申报可以部分成交。成交确认申报股票数量小于定价申报的，以成交确认申报的股票数量为成交股票数量；成交确认申报股票数量大于定价申报的，以定价申报的股票数量为成交股票数量。成交确认申报未成交部分以撤单处理。

（7）全国股转系统公司对证券代码、申报价格和申报数量相同，买卖方向相反，指定对手方交易单元、证券账户号码相符及成交约定号一致的成交确认申报进行确认成交。

（8）每个转让日15：00，全国股转系统公司按照时间优先原则，将证券代码和申报价格相同、买卖方向相反的未成交定价申报进行匹配成交。

（9）全国股转系统公司收到拟与定价申报成交的成交确认申报后，如系统中无对应的定价申报，该成交确认申报以撤单处理。

2. 协议转让股票的注意事项

根据《股票转让细则》的规定，协议转让股票的注意事项如下：

（1）全国股转系统公司交易主机接受申报的时间为每个转让日的9：15—11：30、13：00—15：00。

（2）每个转让日的9：30—11：30、13：00—15：00为协议转让的成交确认时间。

（3）采取协议转让方式的股票，开盘价为当日该股票的第一笔成交价。

（4）采取协议转让方式的股票，以当日最后30分钟转让时间的成交量加权平均价为当日收盘价；最后30分钟转让时间无成交的，以当日成交量加权平均价为当日收盘价；当日无成交的，以前收盘价为当日收盘价。

（5）采取协议转让方式的股票，每个转让日的即时行情内容主要包括前收盘价、最近成交价、当日最高成交价、当日最低成交价、当日累计成交数量以及定价申报的价格、数量、成交约定号等。

二、做市转让方式

所谓新三板做市转让，是指买卖挂牌公司股票时，买卖双方不直接成交，做市商在全国股转系统报出其做市股票的买入价和卖出价，并且在其报出的价格范围内办理投资者的买入和卖出股票，不得以任何理由拒绝。这种制度有利于减少股市庄家投机炒作现象的发生，有助于投资者发现股票的合理价格。

1. 做市转让股票的程序

根据《股票转让细则》的规定，股票挂牌时采取做市转让方式的程序如下：

（1）股票挂牌时拟采取做市转让方式的，申请挂牌公司应当在提交挂牌申请材料的同时，向全国股转系统公司提交以下材料：①关于股票采取做市转让方式的申请。②关于同意公司股票采取做市转让方式的决议。③做市商为申请挂牌公司股票提供做市报价服务申请。④全国股转系统公司要求的其他材料。

（2）股票采取做市转让方式的，申请挂牌公司应当在股票挂牌前确认做市商做市库存股票已经按照中国结算要求登记于做市商做市专用证券账户，并将做市商做市库存股票登记结果向全国股转系统公司报告。

（3）全国股转系统公司在出具同意挂牌审查意见时，确认申请挂牌公司股票的转让方式。

（4）申请挂牌公司应当按照全国股转系统公司的要求在公开转让说明书和挂牌提示性公告中披露其股票转让方式。

2. 做市转让股票的注意事项

根据《股票转让细则》的规定，做市转让股票的注意事项如下：

（1）股票挂牌时拟采取做市转让方式的，应当具备以下条件：①2家以上做市商同意为申请挂牌公司股票提供做市报价服务，且其中一家做市商为推荐该股票挂牌的主办券商或该主办券商的母（子）公司。②做市商合计取得不低于申请挂牌公司总股本5%或100万股（以孰低为准），且每家做市商不低于10万股的做市库存股票。③全国股转系统公司规定的其他条件。

（2）采取做市转让方式的股票发生下列情形之一，导致该股票做市商不足2家时，全国股转系统公司于有关情形发生当日（T日）收市后在公司网站公告相关情况：

①该股票做市商提出申请并经全国股转系统公司同意，退出为该股票做市。

②该股票做市商被暂停、终止从事做市业务，或被禁止为该股票做市。

自T+1转让日起，该股票暂停转让。暂停转让期间，挂牌公司应当每5个转让日在指定网站发布一次提示性公告。

发生上述情形导致股票暂停转让的，相关股票在以下情形发生后恢复转让：①该股票做市商在T+30个转让日内恢复为2家以上。②挂牌公司在T+30个转让日内提出申请并经全国股转系统公司同意，股票转让方式变更为协议转让方式。③依据《股票转让细则》第十八条规定，全国股转系统公司强制将股票转让方式变更为协议转让方式。

因发生上述①②情形，股票恢复转让的，全国股转系统公司于恢复转让前一转让日在公司网站公告相关情况。

三、协议转让方式变更为做市转让方式

股票协议转让方式是投资方和挂牌公司直接进行股份转让事项的谈判，确定股份转让的数量和价格后，通过全国股转系统公司进行交接。这种转让方式，效率比较低，而且需要投资者的专业知识比较强，对一般的投资者并不适用。而做市商转让方式，由于券商直接参与，他们对挂牌公司股份的价值和价格了解得更专业，所以客观上保护了投资者的利益，一些已采用协议转让方式的公司申请变更为做市转让方式。

1. 协议转让方式变更为做市转让方式的程序

根据《股票转让细则》的规定，协议转让方式变更为做市转让方式的程序如下：

（1）挂牌公司应当在作出有关变更转让方式的决议后3个月内，向全国股转系统公司提交以下申请材料：①变更股票转让方式为做市转让方式申请。②挂牌公司关于变更股票转让方式的决议。③做市商为挂牌公司股票提供做市报价服务

申请。④全国股转系统公司要求的其他材料。

（2）全国股转公司收到申请材料后，在3个转让日内出具意见，并于出具意见当日（T日）收市后通知挂牌公司和相关做市商。挂牌公司应当于T日在指定网站公告。

全国股转系统公司同意挂牌公司股票转让方式变更为做市转让方式的，自T+2转让日起该股票转让方式变更为做市转让方式，相关做市商应当履行对该股票的做市报价义务。

2. 协议转让方式变更为做市转让方式的注意事项

根据《股票转让细则》的规定，协议转让方式变更为做市转让方式的注意事项如下：

（1）采取协议转让方式的股票，挂牌公司申请变更为做市转让方式的，应当符合以下条件：①2家以上做市商同意为该股票提供做市报价服务，并且每家做市商已取得不低于10万股的做市库存股票。②全国股转系统公司规定的其他条件。

（2）挂牌公司拟申请变更股票转让方式的，其股东大会应当就股票转让方式变更事宜作出决议。挂牌公司应当在股东大会会议结束后2个转让日内在全国股转系统公司指定信息披露平台公告决议内容。

四、做市转让方式变更为协议转让方式

由于在新三板做市转让的交易模式下，挂牌企业无法正常实现大额股份转让，一些企业考虑到企业市值和股权重组成本，在不影响交易价格的情况下，为了实现大额股份转让，通常会变更做市转让方式为协议转让方式。

1. 做市转让方式变更为协议转让方式的程序

根据《股票转让细则》的规定，做市转让方式变更为协议转让方式的程序如下：

（1）挂牌公司应当在作出有关变更转让方式的决议后5个转让日内，向全国股转系统公司提交以下申请材料：①变更股票转让方式为协议转让方式申请。②挂牌公司关于变更股票转让方式的决议。③做市商同意退出做市声明。④全国股转系统公司要求的其他材料。

（2）全国股转系统公司收到申请材料后，在3个转让日内出具意见，并于出具意见当日（T日）收市后通知挂牌公司和相关做市商。挂牌公司应当于T日在指定网站公告。

全国股转系统公司同意挂牌公司股票转让方式变更为协议转让方式的，自T+2转让日起该股票转让方式变更为协议转让方式，相关做市商停止为该股票提供做市报价服务，并应当按照《股票转让细则》有关规定将该挂牌公司股票

转出做市专用证券账户。

2. 做市转让方式变更为协议转让方式的注意事项

根据《股票转让细则》的规定，做市转让方式变更为协议转让方式的注意事项如下：

（1）采取做市转让方式的股票，挂牌公司申请变更为协议转让方式的，应当符合以下条件：①该股票所有做市商均已满足《股票转让细则》关于最低做市期限的要求，且均同意退出做市。②全国股转系统公司规定的其他条件。

（2）挂牌公司拟申请变更股票转让方式的，其股东大会应当就股票转让方式变更事宜作出决议。挂牌公司应当在股东大会会议结束后 2 个转让日内在全国股转公司指定信息披露平台（以下简称"指定网站"）公告决议内容。

五、申请后续加入为股票做市

根据《股票转让细则》的规定，采取做市方式转让的股票，券商可以后续加入。

1. 申请后续加入为股票做市的程序

按照《股票转让细则》的规定，申请后续加入为股票做市的程序如下：

（1）采取做市转让方式的股票，做市商拟后续加入为该股票做市的，应事先向全国股转系统公司提交后续加入做市申请。全国股转系统公司接受申请的时间为每个转让日的 15：00—17：00。

（2）全国股转系统公司收到申请后，在 3 个转让日内出具意见，并于出具意见当日（T 日）收市后通知提出申请的做市商。

（3）全国股转系统公司同意申请的，该做市商应当于 T 日在指定网站公告，并于 T+1 转让日开始履行对该股票的做市报价义务。

2. 申请后续加入为股票做市的注意事项

按照《股票转让细则》的规定，申请后续加入为股票做市的注意事项如下：

（1）挂牌时采取做市转让方式的股票，拟后续加入的做市商须在该股票挂牌满 3 个月后方可经申请同意后为该股票提供做市报价服务。

（2）做市商退出做市后，1 个月内不得申请再次为该股票做市。

（3）挂牌公司提交将股票由做市转让方式变更为协议转让方式申请后，全国股转系统公司停止接收做市商后续加入为该股票做市的申请，已经接收申请的，中止审查。

六、申请退出为股票做市

一些券商为了降低做市的风险，对一些不看好的股票，退出为其做市，从而保证其经济利益。

1. 申请退出为股票做市的程序

按照《股票转让细则》的规定，申请退出为股票做市的程序如下：

（1）做市商拟退出为股票做市的，应事先向全国股转系统公司提交退出做市申请。全国股转系统公司接受申请的时间为每个转让日的15：00—17：00。

（2）全国股转系统公司收到申请后，在3个转让日内出具意见，并于出具意见当日（T日）收市后通知申请退出的做市商。

（3）全国股转系统公司同意申请的，该做市商应当于T日在指定网站公告，自T+1转让日起停止履行为相关股票提供做市报价服务，并应当按照《股票转让细则》有关规定将该挂牌公司股票转出做市专用证券账户。

2. 申请退出为股票做市的注意事项

根据《股票转让细则》的规定，申请退出为股票做市的注意事项如下：

挂牌时采取做市转让方式的股票和由协议转让方式变更为做市转让方式的股票，其初始做市商为股票做市不满6个月的，不得申请退出为该股票做市。后续加入的做市商为相关股票做市不满3个月的，不得申请退出为该股票做市。

附录：

一、关于股票转让方式的股东大会决议

____股东大会决议（参考模板）

一、会议召开和出席情况

（一）会议召开情况

1. 会议召开时间：____。

2. 会议召开地点：____。

3. 会议召开方式：____。

4. 会议召集人：____。

5. 会议主持人：____。

6. 召开情况合法、合规、合章程性说明：____。

（二）会议出席情况

出席本次股东大会的股东（包括股东授权委托代表）共____人，持有表决权的股份____股，占公司股份总数的____。

二、议案审议情况

审议通过《股票采取____转让方式的议案》：

1. 议案内容：公司拟对____协议方式（做市方式）发行____万股股票，每股人民币____元，共募集资金人民币____万元。本次____方式发行股票募集资金

主要用于补充公司的流动资金，从而增强公司____领域的竞争力，推动公司更好更快的发展。

2. 议案表决结果：同意股数____股，占本次股东大会有表决权股份总数的____；反对股数____股，占本次股东大会有表决权股份总数的____；弃权股数____股，占本次股东大会有表决权股份总数的____。

3. 回避表决情况本议案涉及关联交易事项。

三、律师见证情况

律师事务所名称：____。

律师姓名：____。

____律师结论性意见：律师认为，公司本次股东大会的召集、召开程序、出席本次股东大会的人员及召集人的资格、表决程序及表决结果均符合《公司法》等法律、法规、规范性文件和《公司章程》的规定，本次股东大会的决议合法、有效。

____股份有限公司股东大会

全体股东（签字）：

年　月　日

二、关于股票采取协议转让方式的申请

关于股票采取协议转让方式的申请①

全国中小企业股份转让系统有限责任公司：

本公司股东大会已于____年____月____日依法作出决议，决定本公司股票挂牌时采取协议转让方式。现本公司申请挂牌时股票采取协议转让方式。

本公司承诺所提供的申请材料真实、准确、完整，决议程序合法合规，因提供的申请材料不符合上述承诺及决议程序违法违规等问题所引起的一切法律责任由本公司自行承担。

____股份有限公司（公章）

联系人：

联系电话：

年　月　日

---

①　资料来源：全国中小企业股份转让系统官网（http://www.neeq.com.cn）。

三、关于股票采取做市转让方式的申请

关于股票采取做市转让方式的申请①

全国中小企业股份转让系统有限责任公司:

本公司股东大会已于____年____月____日依法作出决议,决定本公司股票挂牌时采取做市转让方式。现本公司申请挂牌时股票采取做市转让方式。

目前,已有2家以上做市商(____、____)同意为本公司股票提供做市报价服务,且其中1家为推荐本公司挂牌的主办券商____/该主办券商的母(子)公司。上述做市商(拟)取得的库存股票合计____股,合计占本公司总股本____%,其中做市商____(拟)取得的库存股票____股,做市商____(拟)取得的库存股票____股。

本公司承诺所提供的申请材料真实、准确、完整,决议程序合法合规,因提供的申请材料不符合上述承诺及决议程序违法违规等问题所引起的一切法律责任由本公司自行承担。

____股份有限公司(公章)
联系人:
联系电话:
年   月   日

四、做市商为申请挂牌公司股票提供做市报价服务申请

做市商为申请挂牌公司股票提供
做市报价服务申请②

全国中小企业股份转让系统有限责任公司:

本公司自愿为____股份有限公司(申请挂牌公司)股票提供做市报价服务,申请成为____股份有限公司股票挂牌时的初始做市商,并同意____股份有限公司向全国中小企业股份转让系统有限责任公司(以下简称"全国股份转让系统公司")提交《关于股票采取做市转让方式的申请》。

本公司做市交易单元:____;做市证券账户:____;拟作为做市库存股的____股份有限公司股票____股,其中:(拟)从原股东处受让____股,(拟)通过股票发行取得____股,(拟)通过其他合法方式取得____股,(股票发行完成

---

① 资料来源:全国中小企业股份转让系统官网(http://www.neeq.com.cn)。
② 资料来源:全国中小企业股份转让系统官网(http://www.neeq.com.cn)。

后,) 占____股份有限公司总股本比例为____%。

本公司承诺向全国股份转让系统公司提供相关材料的真实、准确、完整,并承诺履行报价义务,遵守有关做市商的各项规定,自愿接受因违反承诺及有关规定而导致的法律后果。

____证券公司 (公章)

联系人:

联系电话:

年　　月　　日

五、关于股票挂牌并采用协议转让方式的提示性公告

____股份有限公司

关于股票挂牌并采用协议转让方式的

提示性公告①

本公司股票挂牌公开转让申请已经全国中小企业股份转让系统有限责任公司同意。本公司股票将于____年____月____日起在全国中小企业股份转让系统挂牌公开转让。

证券简称:____,证券代码:____。

转让方式:协议转让。

公开转让说明书及附件已于____年____月____日披露于全国中小企业股份转让系统指定信息披露平台 www. neeq. com. cn 或 www. neeq. cc,供投资者查阅。

____股份有限公司 (公章)

年　　月　　日

六、关于股票挂牌并采用做市转让方式的提示性公告

____股份有限公司

关于股票挂牌并采用做市转让方式的

提示性公告②

本公司股票挂牌公开转让申请已经全国中小企业股份转让系统有限责任公司同意。本公司股票将于____年____月____日起在全国股份转让系统挂牌公开

---

① 资料来源:全国中小企业股份转让系统官网 (http://www. neeq. com. cn)。

② 资料来源:全国中小企业股份转让系统官网 (http://www. neeq. com. cn)。

转让。

证券简称：____，证券代码：____。

转让方式：做市转让。

做市商1：____证券公司（全称），推荐本公司股票挂牌的主办券商/推荐本公司股票挂牌的主办券商____证券公司的母（子）公司。

做市商2：____证券公司（全称）。

……

公开转让说明书及附件已于____年____月____日披露于全国中小企业股份转让系统指定信息披露平台 www.neeq.com.cn 或 www.neeq.cc，供投资者查阅。

____股份有限公司（公章）

年　月　日

七、变更股票转让方式为做市转让方式申请

变更股票转让方式为做市转让方式申请①

全国中小企业股份转让系统有限责任公司：

本公司股东大会已于____年____月____日依法作出决议，决定本公司股票（证券简称：____，证券代码：____）由协议转让方式变更为做市转让方式。现本公司申请变更股票转让方式为做市转让方式。

目前，已有2家（以上）做市商（____、____）同意为本公司股票提供做市报价服务，且各做市商均已取得不低于10万股的本公司股票。其中，做市商____取得的拟作为做市库存股票的本公司股票____股，做市商____取得的拟作为做市库存股的本公司股票____股。

本公司承诺所提供的申请材料真实、准确、完整，决议程序合法合规，因提供的申请材料不符合上述承诺及决议程序违法违规等问题所引起的一切法律责任由本公司自行承担。

____股份有限公司（公章）

联系人：

联系电话：

年　月　日

---

① 资料来源：全国中小企业股份转让系统官网（http://www.neeq.com.cn）。

八、做市商为挂牌公司股票提供做市报价服务申请

做市商为挂牌公司股票提供做市
报价服务申请①

全国中小企业股份转让系统有限责任公司：

本公司自愿为____股份有限公司（挂牌公司）股票（证券简称：____，证券代码：____）提供做市报价服务，申请成为____股份有限公司股票做市商，并同意____股份有限公司向全国中小企业股份转让系统有限责任公司（以下简称"全国股份转让系统公司"）提交《变更股票转让方式为做市转让方式申请》。

本公司做市交易单元：____；做市证券账户：____；拟作为做市库存股的____股份有限公司股票____股（其中，在全国中小企业股份转让系统买入____股，通过股票发行取得____股，通过其他合法方式取得____股）。

本公司承诺向全国股份转让系统公司提供相关材料的真实、准确、完整，并承诺履行报价义务、遵守有关做市商的各项规定，自愿接受因违反承诺及有关规定而导致的法律后果。

____证券公司（公章）
联系人：
联系电话：
年　　月　　日

九、变更股票转让方式为协议转让方式申请

变更股票转让方式为协议转让方式申请②

全国中小企业股份转让系统有限责任公司：

本公司股东大会已于____年____月____日依法作出决议，决定本公司股票（证券简称：____，证券代码：____）由做市转让方式变更为协议转让方式。现本公司申请变更股票转让方式为协议转让方式。

经与做市商协商一致，本公司股票所有做市商____、____均同意退出为本公司股票做市。其中，做市商____为本公司股票的初始做市商/后续加入做市商，从最近一次为该股票做市首日起至今已超过 6 个月/3 个月；做市商____为本公司股票的初始做市商/后续加入做市商，从最近一次为该股票做市首日起至今已

---

① 资料来源：全国中小企业股份转让系统官网（http：//www.neeq.com.cn）。
② 资料来源：全国中小企业股份转让系统官网（http：//www.neeq.com.cn）。

超过6个月/3个月，均符合《全国中小企业股份转让系统股票转让细则（试行）》有关做市商最低做市期限的要求。

本公司承诺所提供的申请材料真实、准确、完整，决议程序合法合规，因提供的申请材料不符合上述承诺及决议程序违法违规等问题所引起的一切法律责任由本公司自行承担。

____股份有限公司（公章）

联系人：

联系电话：

年　月　日

十、做市商同意退出做市声明

做市商同意退出做市声明①

全国中小企业股份转让系统有限责任公司：

本公司自愿申请退出为____股份有限公司（挂牌公司）股票（证券简称：____，证券代码：____）提供做市报价服务，并同意____股份有限公司向全国中小企业股份转让系统有限责任公司（以下简称全国股份转让系统公司）提交《变更股票转让方式为协议转让方式申请》。

本公司为____（证券简称）的初始做市商/后续加入做市商，从最近一次为该股票做市首日起至今已超过6个月/3个月，符合《全国中小企业股份转让系统股票转让细则（试行）》有关做市商最低做市期限的要求。

本公司承诺向全国股份转让系统公司提供相关材料的真实、准确、完整，并承诺遵守全国股份转让系统公司的各项规定，自愿接受因违反承诺及有关规定而导致的法律后果。

____证券公司（公章）

联系人：

联系电话：

年　月　日

---

① 资料来源：全国中小企业股份转让系统官网（http：//www.neeq.com.cn）。

十一、股票划转申请

股票划转申请①

全国中小企业股份转让系统有限责任公司：

现本公司申请将本公司做市证券账户＿＿＿（交易单元编码：＿＿＿，托管单元编码：＿＿＿）所持＿＿＿股份有限公司全部股票（证券简称：＿＿＿，证券代码：＿＿＿）划转至本公司自营证券账户＿＿＿（交易单元编码：＿＿＿，托管单元编码：＿＿＿）。

＿＿＿证券公司（公章）

联系人：

联系电话：

年　月　日

第二节　重大资产重组

按照《非上市公司重大资产重组管理办法》（以下简称《重大资产重组管理办法》）的定义，重大资产重组是指公众公司及其控股或者控制的公司在日常经营活动之外购买、出售资产或者通过其他方式进行资产交易，导致公众公司的业务、资产发生重大变化的资产交易行为。

一、实施重大资产重组的标准和要求

（一）重大资产重组认定的标准

1. 认定标准

《重大资产重组管理办法》第二条规定：公众公司及其控股或者控制的公司购买、出售资产，达到下列标准之一的，构成重大资产重组：

（1）购买、出售的资产总额占公众公司最近一个会计年度经审计的合并财务会计报表期末资产总额的比例达到50%以上。

（2）购买、出售的资产净额占公众公司最近一个会计年度经审计的合并财

---

① 资料来源：全国中小企业股份转让系统官网（http://www.neeq.com.cn）。

务会计报表期末净资产额的比例达到 50% 以上，且购买、出售的资产总额占公众公司最近一个会计年度经审计的合并财务会计报表期末资产总额的比例达到 30% 以上。

公众公司发行股份购买资产触及本条所列指标的，应当按照本办法的相关要求办理。

2. 有关标准的计算比例要求

根据《重大资产重组管理办法》第三十五条规定，计算构成重大资产重组的比例时，应当遵守下列规定：

（1）购买的资产为股权的，且购买股权导致公众公司取得被投资企业控股权的，其资产总额以被投资企业的资产总额和成交金额二者中的较高者为准，资产净额以被投资企业的净资产额和成交金额二者中的较高者为准；出售股权导致公众公司丧失被投资企业控股权的，其资产总额、资产净额分别以被投资企业的资产总额以及净资产额为准。

除前款规定的情形外，购买的资产为股权的，其资产总额、资产净额均以成交金额为准；出售的资产为股权的，其资产总额、资产净额均以该股权的账面价值为准。

（2）购买的资产为非股权资产的，其资产总额以该资产的账面值和成交金额二者中的较高者为准，资产净额以相关资产与负债账面值的差额和成交金额二者中的较高者为准；出售的资产为非股权资产的，其资产总额、资产净额分别以该资产的账面值、相关资产与负债账面值的差额为准。

（3）公众公司同时购买、出售资产的，应当分别计算购买、出售资产的相关比例，并以二者中比例较高者为准。

（4）公众公司在 12 个月内连续对同一或者相关资产进行购买、出售的，以其累计数分别计算相应数额。已按照本办法的规定履行相应程序的资产交易行为，无须纳入累计计算的范围。

交易标的资产属于同一交易方所有或者控制，或者属于相同或者相近的业务范围，或者中国证监会认定的其他情形下，可以认定为同一或者相关资产。

（二）实施重大资产重组要求

根据《重大资产重组管理办法》第三、四、五、六、七条规定，公众公司实施重大资产重组，应当符合下列要求：

（1）重大资产重组所涉及的资产定价公允，不存在损害公众公司和股东合法权益的情形。

（2）重大资产重组所涉及的资产权属清晰，资产过户或者转移不存在法律障碍，相关债权债务处理合法；所购买的资产，应当为权属清晰的经营性资产。

（3）实施重大资产重组后有利于提高公众公司资产质量和增强持续经营能

力，不存在可能导致公众公司重组后主要资产为现金或者无具体经营业务的情形。

（4）实施重大资产重组后有利于公众公司形成或者保持健全有效的法人治理结构。

（5）公众公司实施重大资产重组，有关各方应当及时、公平地披露或者提供信息，保证所披露或者提供信息的真实、准确、完整，不得有虚假记载、误导性陈述或者重大遗漏。

（6）公众公司的董事、监事和高级管理人员在重大资产重组中，应当诚实守信、勤勉尽责，维护公众公司资产的安全，保护公众公司和全体股东的合法权益。

（7）公众公司实施重大资产重组，应当聘请独立财务顾问、律师事务所以及具有证券、期货相关业务资格的会计师事务所等证券服务机构出具相关意见。公众公司应当聘请为其提供督导服务的主办券商为独立财务顾问，但存在影响独立性、财务顾问业务受到限制等不宜担任独立财务顾问情形的除外。公众公司也可以同时聘请其他机构为其重大资产重组提供顾问服务。

为公众公司重大资产重组提供服务的证券服务机构及人员，应当遵守法律、行政法规和中国证监会的有关规定，遵循本行业公认的业务标准和道德规范，严格履行职责，不得牟取不正当利益，并应当对其所制作、出具文件的真实性、准确性和完整性承担责任。

（8）任何单位和个人对知悉的公众公司重大资产重组信息在依法披露前负有保密义务，不得利用公众公司重大资产重组信息从事内幕交易、操纵证券市场等违法活动。

（三）重大资产重组的支付手段

《重大资产重组管理办法》第十七条规定：公众公司重大资产重组可以使用现金、股份、可转换债券、优先股等支付手段购买资产。使用股份、可转换债券、优先股等支付手段购买资产的，其支付手段的价格由交易双方自行协商确定，定价可以参考董事会召开前一定期间内公众公司股票的市场价格、同行业可比公司的市盈率或市净率等。董事会应当对定价方法和依据进行充分披露。

（四）重大资产重组的特殊规定

（1）《重大资产重组管理办法》第二十六条规定：重大资产重组涉及发行股份的，特定对象以资产认购而取得的公众公司股份，自股份发行结束之日起6个月内不得转让；属于下列情形之一的，12个月内不得转让：①特定对象为公众公司控股股东、实际控制人或者其控制的关联人。②特定对象通过认购本次发行的股份取得公众公司的实际控制权。③特定对象取得本次发行的股份时，对其用于认购股份的资产持续拥有权益的时间不足 12 个月。

（2）《重大资产重组管理办法》第二十条规定：股东大会作出重大资产重组的决议后，公众公司拟对交易对象、交易标的、交易价格等作出变更，构成对原重组方案重大调整的，应当在董事会表决通过后重新提交股东大会审议，并按照本办法的规定向全国股转系统公司重新报送信息披露文件或者向中国证监会重新提出核准申请。

股东大会作出重大资产重组的决议后，公众公司董事会决议终止本次交易或者撤回有关申请的，应当说明原因并披露，并提交股东大会审议。

（3）《重大资产重组管理办法》第二十一条规定：公众公司收到中国证监会就其发行股份购买资产的重大资产重组申请作出的核准、中止审核、终止审核、不予核准的决定后，应当在 2 个工作日内披露。

中国证监会不予核准的，自中国证监会作出不予核准的决定之日起 3 个月内，中国证监会不受理该公众公司发行股份购买资产的重大资产重组申请。

二、重大资产重组的程序

（一）董事会、股东大会依法作出有关重大资产重组的决议

（1）《重大资产重组管理办法》第十三条规定：公众公司进行重大资产重组，应当由董事会依法作出决议，并提交股东大会审议。

（2）《重大资产重组管理办法》第十四条规定：公众公司召开董事会决议重大资产重组事项，应当在披露决议的同时披露本次重大资产重组报告书、独立财务顾问报告、法律意见书以及重组涉及的审计报告、资产评估报告（或资产估值报告）。董事会还应当就召开股东大会事项作出安排并披露。

如公众公司就本次重大资产重组首次召开董事会前，相关资产尚未完成审计等工作的，在披露首次董事会决议的同时应当披露重大资产重组预案及独立财务顾问对预案的核查意见。公众公司应在披露重大资产重组预案后 6 个月内完成审计等工作，并再次召开董事会，在披露董事会决议时一并披露重大资产重组报告书、独立财务顾问报告、法律意见书以及本次重大资产重组涉及的审计报告、资产评估报告（或资产估值报告）等。董事会还应当就召开股东大会事项作出安排并披露。

（3）《重大资产重组管理办法》第十五条规定：股东大会就重大资产重组事项作出的决议，必须经出席会议的股东所持表决权的 2/3 以上通过。公众公司股东人数超过 200 人的，应当对出席会议的持股比例在 10% 以下的股东表决情况实施单独计票。公众公司应当在决议后及时披露表决情况。

前款所称持股比例在 10% 以下的股东，不包括公众公司董事、监事、高级

管理人员及其关联人以及持股比例在 10% 以上股东的关联人。

公众公司重大资产重组事项与本公司股东或者其关联人存在关联关系的，股东大会就重大资产重组事项进行表决时，关联股东应当回避表决。

（4）《重大资产重组管理办法》第十六条规定：公众公司可视自身情况在公司章程中约定是否提供网络投票方式以便于股东参加股东大会；退市公司应当采用安全、便捷的网络投票方式为股东参加股东大会提供便利。

（二）报送有关重大资产重组的申请文件

（1）《重大资产重组管理办法》第十八条规定：公众公司重大资产重组不涉及发行股份或者公众公司向特定对象发行股份购买资产后股东累计不超过 200 人的，经股东大会决议后，应当在 2 个工作日内将重大资产重组报告书、独立财务顾问报告、法律意见书以及重组涉及的审计报告、资产评估报告（或资产估值报告）等信息披露文件报送全国股转系统公司。

（2）《重大资产重组管理办法》第十九条规定：公众公司向特定对象发行股份购买资产后股东累计超过 200 人的重大资产重组，经股东大会决议后，应当按照中国证监会的有关规定编制申请文件并申请核准。

（三）实施重组方案并及时进行信息披露

《重大资产重组管理办法》第二十三条规定：公众公司重大资产重组完成相关批准程序后，应当及时实施重组方案，并在本次重大资产重组实施完毕之日起 2 个工作日内，编制并披露实施情况报告书及独立财务顾问、律师的专业意见。

退市公司重大资产重组涉及发行股份的，自收到中国证监会核准文件之日起 60 日内，本次重大资产重组未实施完毕的，退市公司应当于期满后 2 个工作日内披露实施进展情况；此后每 30 日应当披露一次，直至实施完毕。

（四）独立财务顾问履行持续督导职责

（1）《重大资产重组管理办法》第二十四条规定：独立财务顾问应当对实施重大资产重组的公众公司履行持续督导职责。持续督导的期限自公众公司完成本次重大资产重组之日起，应当不少于一个完整会计年度。

（2）《重大资产重组管理办法》第二十五条规定：独立财务顾问应当结合公众公司重大资产重组实施当年和实施完毕后的第一个完整会计年度的年报，自年报披露之日起 15 日内，对重大资产重组实施的下列事项出具持续督导意见，报送全国股转系统，并披露：①交易资产的交付或者过户情况。②交易各方当事人承诺的履行情况及未能履行承诺时相关约束措施的执行情况。③公司治理结构与运行情况。④本次重大资产重组对公司运营、经营业绩影响的状况。⑤盈利预测的实现情况（如有）。⑥与已公布的重组方案存在差异的其他事项。

三、办理重大资产重组的有关业务要求

1. 暂停转让

（1）《全国中小企业股份转让系统非上市公司重大资产重组业务指引（试行）》（以下简称《业务指引》）第六条规定：公司出现下列情形之一时，应当立即向全国股转系统公司申请公司证券暂停转让：①交易各方初步达成实质性意向。②虽未达成实质意向，但在相关董事会决议公告前，相关信息已在媒体上传播或者预计该信息难以保密或者公司证券转让价格出现异常波动。③本次重组需要向有关部门进行政策咨询、方案论证。

（2）《业务指引》第八条规定：在公司证券转让时段，全国股转系统公司不接受任何关于公司重大重组事项的暂停转让申请及材料报送。全国股转系统公司设立专门的纸质文件传真机（传真号010－63889872），在转让日收市后15：30—16：30之间接收公司的暂停转让申请。公司通过其他方式、其他渠道提交的暂停转让申请不得早于通过前述专门用途传真机的提交时间。

全国股转系统公司对公司重大重组事项暂停转让申请实行统一登记、集中管理。公司必须在确认公司证券已暂停转让后才能开始与我司工作人员沟通重大重组事项相关业务。

（3）《业务指引》第九条规定：公司须根据《全国中小企业股份转让系统挂牌公司暂停与恢复转让业务指南（试行）》发布公司证券暂停转让的公告，并在公告中明确恢复转让的最晚时点。证券暂停转让时间由公司自主确定，但原则上不应超过3个月，且恢复转让日与重大重组事项首次董事会召开的时间间隔不得少于9个转让日。

暂停转让时间确需超过3个月的，应当向全国股转系统公司说明理由，并在取得全国股转系统公司的同意后发布关于公司证券长期暂停转让的公告。

挂牌公司证券暂停转让后，应当每月披露一次重大资产重组进展情况报告，说明重大资产重组的谈判、批准、定价等事项进展情况和可能影响重组的不确定因素。

2. 内幕知情人报备

《全国中小企业股份转让系统重大资产重组业务指南第1号：非上市公众公司重大资产重组内幕信息知情人报备指南》（以下简称《报备指南》）第一条要求：公司应当在证券暂停转让之日起5个转让日内，向全国股转系统公司提交挂牌公司重大资产重组内幕信息知情人登记表、相关人员买卖公司证券的自查报告、公司重大资产重组交易进程备忘录及公司全体董事对内幕信息知情人报备文件真实性、准确性和完整性的承诺书。

公司暂停转让日距离首次董事会召开之日不足5个转让日的，应当在申请暂

停转让的同时报送上述材料。

（1）《报备指南》第二条规定：内幕信息知情人的范围包括但不限于：①公司的董事、监事、高级管理人员。②持有公司10%以上股份的股东和公司的实际控制人，以及其董事、监事、高级管理人员。③由于所任公司职务可以获取公司本次重组相关信息的人员。④本次重大资产重组的交易对方及其关联方，以及其董事、监事、高级管理人员。⑤为本次重大资产重组方案提供服务以及参与本次方案的咨询、制定、论证等各环节的相关单位和人员。⑥参与本次重大资产重组方案筹划、制定、论证、审批等各环节的相关单位和人员。⑦前述自然人的直系亲属（配偶、父母、子女及配偶的父母）。

（2）《报备指南》第三条规定：公司重大资产重组内幕信息知情人登记表应当加盖公司公章或公司董事会公章，并写明填报日期。

（3）《报备指南》第四条规定：自然人的自查报告应当列明自然人的姓名、职务、身份证号码、股票账户、有无买卖股票行为，并经本人签字确认；机构的自查报告中应当列明机构的名称、注册号、股票账户、有无买卖股票行为并盖章确认。

（4）《报备指南》第五条规定：相关人员存在买卖公司股票行为的，当事人应当书面说明其买卖股票行为是否利用了相关内幕信息；公司及相关方应当书面说明与买卖股票人员相关事项的动议时间，买卖股票人员是否参与决策，买卖行为与该事项是否存在关联关系以及是否签订了保密协议书等。

（5）《报备指南》第六条规定：公司应当同时提交全体董事对内幕信息知情人报备文件真实性、准确性和完整性的承诺书，由全体董事签字并加盖公司公章。

（6）《报备指南》第七条规定：除公司重大资产重组交易进程备忘录外，公司报送上述文件应提交原件一份，复印件两份，以及一份与书面文件一致的电子文件（WORD、EXCEL、PDF或全国股转系统公司要求的其他文件格式）。

公司应提交三份重大资产重组交易进程备忘录的复印件，并由律师对该复印件提供鉴证意见。鉴证律师应当在文件首页注明"以下第××页至第××页与原件一致"，并签名和签署鉴证日期，律师事务所应该在该文件首页加盖公章，并在第××页至第××页侧面以公章加盖骑缝章。

报备文件所有需要签名处，均应为签名人亲笔签名，不得以名章、签名章等代替。

3. 信息披露与恢复转让

（1）《业务指引》第十二条规定：公司应当在重大重组事项首次董事会召开后2个转让日内，按《重大资产重组管理办法》及相关规范性文件的要求制作并披露相关的信息披露文件。

（2）《业务指引》第十三条规定：全国股转系统在公司信息披露后的5个转让日内对信息披露的完备性进行审查；全国股转系公司统对信息披露未提出异议的，公司应当在审查期满后向全国股转系统公司申请证券恢复转让。

发现信息披露存在完备性问题的，全国股转系统公司有权要求公司对存在问题的信息披露内容进行解释、说明和更正；公司预计在原定最晚恢复转让日仍无法恢复转让的，应当在接到全国股转系统公司关于信息披露异议的同时，申请延后最晚恢复转让日。

发现公司重大资产重组信息披露涉嫌虚假披露、误导性陈述、重大遗漏或存在程序不规范问题的，全国股转系统公司有权采取自律监管措施并向中国证监会报告，公司应当同时申请证券持续暂停转让。

（3）《业务指引》第十四条规定：公司预计在最晚恢复转让日前7个转让日仍无法进行首次信息披露的，应当至少在最晚恢复转让日前9个转让日将相关情况书面告知全国股转系统公司，并同时申请延后最晚恢复转让日。

暂停转让延后申请获得全国股转系统公司批准后，公司应当在2个转让日内发布重大资产重组进展情况报告，说明延迟披露的原因、更改后的最晚恢复转让日以及重大资产重组的最新进展情况。此后，公司应当每5个转让日比照上述要求进行一次信息披露。

因全国股转系统公司对信息披露提出异议申请延后最晚恢复转让日的，公司须按上述要求履行相关的信息披露程序。

（4）《业务指引》第十五条规定：公司聘请的独立财务顾问应当对公司是否可以及时披露信息进行判断，发现公司可能或确定无法及时披露信息的，应当督促公司主动书面告知全国股转系统公司并申请延后最晚恢复转让日。

公司根据本指引第十四条需要披露重大资产重组进展报告的，独立财务顾问应当同时披露风险揭示公告，就延后披露信息的原因及可能造成的风险向投资者进行解释说明。

（5）《业务指引》第十六条规定：公司未向全国股转系公司统申请延后最晚恢复转让日，且在最晚恢复转让日前7个转让日仍未能进行首次信息披露的，全国股转系统公司有权要求独立财务顾问对相关情况进行核查，并根据核查结果采取自律管理措施。情节严重的，可以给予纪律处分、要求其暂停重大资产重组行为并报告中国证监会。

公司聘请的独立财务顾问应当在最晚恢复转让日后2个转让日内发布风险提示公告，就公司未能进行信息披露的原因及可能造成的风险向投资者进行解释说明。

（6）《业务指引》第十七条规定：公司证券暂停转让期内，证监会对其作出终止重大资产重组决定的，全国股转系统公司有权强制恢复公司证券转让，并要求公司及其独立财务顾问履行相应的信息披露义务。

（7）《业务指引》第十八条规定：因公司拟对交易对象、交易标的、交易价格等作出变更，构成原重组方案重大调整的，应当在董事会表决后重新提交股东大会审议，并重新履行申请暂停转让、内幕知情人报备、信息披露及申请恢复转让等程序。

支付手段发生变更的，应当视为重组方案的重大调整，并履行前款规定的相关程序。

4. 发行股份购买资产

《全国中小企业股份转让系统重大资产重组业务指南第 2 号：非上市公众公司发行股份购买资产构成重大资产重组文件报送指南》规定：

（1）公司发行股份购买资产构成重大资产重组且发行后股东人数不超过 200人的，应当在验资完成后 10 个转让日内，根据本指南的要求报送股份发行备案文件。

（2）公司发行股份购买资产构成重大资产重组且发行后股东人数超过 200 人的，经中国证监会核准后，应当在验资完成后 10 个转让日内，根据本指南的要求报送股份登记申请文件。

（3）独立财务顾问、律师事务所等中介机构应当出具中介机构意见书或报告书。

（4）公司报送申请文件应提交原件一份，复印件两份。每次报送书面申请文件的同时，应报送一份与书面文件一致的电子文件（WORD、EXCEL、PDF 或全国股转系统公司规定的其他格式）。

（5）报送文件所有需要签名处，均应为签名人亲笔签名，不得以名章、签名章等代替。报送文件的封面和侧面应标明"××公司发行股份购买资产暨重大资产重组备案申请文件"或"××公司发行股份购买资产暨重大资产重组股份登记申请文件"的字样，扉页应标明挂牌公司法定代表人、董事会秘书或信息披露事务负责人，独立财务顾问主管领导、项目负责人，以及相关中介机构项目负责人姓名、电话、传真等联系方式。

（6）报送文件章与章之间、节与节之间应有明显的分隔标识，文件中的页码应与目录中的页码相符。

（7）报送文件应采用标准 A4 纸张双面印刷（需提供原件的历史文件除外）。公司不能提供有关文件的原件的，应由其聘请的律师提供鉴证意见，或由出文单位盖章，以保证与原件一致。如原出文单位不再存续，由继承其职权的单位或作出撤销决定的单位出文证明文件的真实性。

附录：

一、重大资产重组法律意见书内容要求及参考模板

1. 重大资产重组法律意见书的内容要求

根据《非上市公众公司信息披露内容与格式准则第 6 号——重大资产重组报告书》的规定，公众公司应当提供由律师按照本准则及有关业务准则的规定出具

的法律意见书。律师应当对照中国证监会的各项规定，在充分核查验证的基础上，至少就公众公司本次重组涉及的以下法律问题和事项发表明确的结论性意见：

（1）公众公司和交易对方是否具备相应的主体资格、是否依法有效存续。

（2）本次交易是否已履行必要的批准或授权程序，相关的批准和授权是否合法有效；本次交易是否构成关联交易，构成关联交易的，是否已依法履行必要的审议批准程序和信息披露义务；本次交易涉及的须呈报有关主管部门批准的事项是否已获得有效批准；本次交易的相关合同和协议是否合法有效。

（3）标的资产（包括标的股权所涉及企业的主要资产）的权属状况是否清晰，权属证书是否完备有效，尚未取得完备权属证书的，应说明取得权属证书是否存在法律障碍；标的资产是否存在产权纠纷或潜在纠纷，如有，应说明对本次交易的影响；标的资产是否存在抵押、担保或其他权利受到限制的情况，如有，应说明对本次交易的影响。

（4）本次交易所涉及的债权债务的处理及其他相关权利、义务的处理是否合法有效，其实施或履行是否存在法律障碍和风险。

（5）公众公司、交易对方和其他相关各方是否已履行法定的披露和报告义务，是否存在应当披露而未披露的合同、协议、安排或其他事项。

（6）本次交易是否符合《非上市公众公司重大资产重组管理办法》和相关规范性文件规定的原则和条件。

（7）参与公众公司本次交易活动的证券服务机构是否具备必要的资格。

（8）本次交易是否符合相关法律、行政法规、部门规章和规范性文件的规定，是否存在法律障碍，是否存在其他可能对本次交易构成影响的法律问题和风险。

2. 重大资产重组法律意见书（参考模板）

释义

略

正文

一、本次重组的基本情况

（一）本次重组方案概述

根据____股份公司第____届董事会第____次会议通过的《关于公司发行股份及支付现金购买资产暨重大资产重组的议案》《重组报告书》《发行股份购买资产协议》等文件，____股份公司拟向____发行____万股普通股并支付现金____万元用于购买____持有的____的股权。

本次重组的交易价格以标的资产的评估价值为参考依据。经各方协商确定____的股权的交易价格为____万元。本次发行股份价格为____元/股。

本次重组完成后，交易对方即____成为____股份公司的股东，____股份公司将持有____的股权。

（二）本次重组构成重大资产重组

根据____股份公司披露的《____年年度报告》，____股份公司____年经审计的财务会计报表期末资产总额为____元，期末归属于股东的净资产为____元。

本次重组交易价格为____元，占____股份公司最近一个会计年度经审计的期末资产总额的比例为____%，占期末净资产总额的比例为____%。

根据《非上市公众公司重大资产重组管理办法》第二条规定，本次重组构成重大资产重组。

（三）本次重组不需经中国证监会核准

本次重组完成后，____股份公司的股东人数不超过200人，根据《非上市公众公司重大资产重组管理办法》第十八、十九条规定，本次重组相关文件需要报送全国股份转让系统审查，不需要向中国证监会申请核准。

二、本次重组各方的主体资格

（一）____股份公司的主体资格

1. 基本情况（法人）

____股份公司现持有____工商局核发的《营业执照》；住所为____；法定代表人为____；注册资本为____；营业期限____；经营范围____。

2. 主要历史沿革

综上，本所律师认为，____股份公司依法设立并有效存续，历次股本形成及变动真实、有效，不存在依法或依公司章程需要终止的情形，符合本次重组的主体资格条件。

（二）本次重组交易对方的主体资格

基本情况如下：（自然人）

____，民族____，身份号码____，住址为____，现持有____股权。

经核查，____为具有完全民事权利能力及行为能力的自然人，无法律、法规和规范性文件规定禁止投资并持有公司股权的情形。____已办理在全国中小企业股份转让系统股票公开转让权限的开通手续，且其开户的证券公司出具了合格投资者证明。

综上重大资产重组，本所律师认为，____作为本次重组的交易对方及发行股票的对象，符合《中华人民共和国公司法》《非上市公众公司重大资产重组管理办法》《全国中小企业股份转让系统投资者适当性管理细则》等法律、法规、规章和规范性文件的规定。

（三）私募基金核查情况

1. 交易前后股东情况

本次重组前，根据____股份公司暂停交易期间截至____年____月____日的《证券持有人名册》，____股份总股本为____万股，股东人数为____名。其中个人股东____名，机构股东____名。

本次重组完成后，____股份公司股东中将新增____名自然人/机构投资者，即____。

2. 核查情况

本所律师根据《中华人民共和国证券投资基金法》《私募投资基金监督管理暂行办法》以及《私募投资基金管理人登记和基金备案办法（试行)》，就本次重组前的现有机构股东及发行对象中新增机构投资者中是否存在私募投资基金、私募投资基金管理人及其备案情况进行了核查。

本所律师通过查阅核查对象的《营业执照》、身份证件，并通过在基金业协会公示系统查询、在全国企业信用信息公示系统查询等方式对核查对象进行了核查。

（1）新增股东

（2）现有股东

三、本次重组的相关协议

____年____月____日，____股份公司与____双方签订了《发行股份购买资产协议》，协议的主要内容如下：

（一）本次重组方案

____股份公司以非公开发行____万股普通股及支付____万元现金为对价，向____购买其拥有的____的股权。

（二）标的资产价格

根据资产评估报告，截至评估基准日____年____月____日，____全部股东权益的评估值为____万元。各方同意，以资产评估报告确定的标的资产价值为依据，协商确定标的资产的交易价格，交易价格确定为____万元。

（三）发行股票种类、发行价格

本次发行的股份种类为____，每股面值为人民币____元，数量为____万股，发行价格为____元/股。

发行价格确定的根据为：本次股票发行定价综合考虑了所属行业、商业模式、未来的成长性、每股净资产、同行业上市公司的市盈率、____股份公司最近一次增发价格及停牌前20个工作日的平均交易价格等多种因素，并经交易双方协商后最终确定。

定价基准日至交割日前，____股份公司如发生除权除息事项的，发行价格相应做除权除息调整。

（四）锁定期

____承诺根据《发行股份购买资产协议》取得的公司股份，以及此后历年由于转增、送股等原因增加的股份，自股份发行结束之日起36个月内不转让，也不向第三方进行质押，但根据《发行股份购买资产协议》约定的业绩承诺及补偿条款由＿＿＿股份公司进行回购注销的情形除外。

自愿锁定期满后，＿＿＿所持股份将根据届时有效的法律、法规、规范性文件及证券监管部门、全国股份转让系统的规定转让。

（五）交易对价支付

1. 股票支付

本次重组中＿＿＿股份公司应支付对价中的＿＿＿万股普通股股票，在全国股份转让系统审查同意本次重组后按照有关规定办理初始登记。

2. 现金支付

本次重组中＿＿＿股份公司应支付对价中的＿＿＿万现金将分阶段支付，具体如下：

（六）盈利承诺

＿＿＿承诺＿＿＿在考核年度即＿＿＿年度、＿＿＿年度、＿＿＿年度的税后净利润分别不低于＿＿＿万元，并于每个考核年度结束后按照协议接受审计、并由＿＿＿股份公司董事会计算、确认是否需要对＿＿＿股份进行补偿。

（七）补偿实施

1. 补偿金额计算方法

当期补偿金额＝（截止当期期末累计承诺净利润数－截止当期期末累计实现净利润数）÷补偿期限内各年预测净利润数总和×拟购买资产交易作价－累计已经补偿金额。

其中：已补偿数额＝已补偿的现金金额＋已补偿股份数×本次发行价格。

逐年补偿时，各年计算的应补偿金额小于 0 时，按 0 取值，即已经补偿的金额不冲回。

2. 补偿方式

补偿方式以股份补偿和现金补偿两种方式相结合。

（1）当期补偿股份数＝当期补偿金额×股票支付总价（即＿＿＿万元）÷拟购买资产交易作价［即＿＿＿万元本次股份的发行价格（即＿＿＿元/股）］。如果自本次重组完成日至股份补偿实施之日的期间内，＿＿＿股份公司以转增或送股等方式进行分配而导致＿＿＿持有的股份数发生变化，则补偿股份数按照协议约定相应调整。

（2）当期现金补偿金额＝当期补偿金额×现金支付总价（即＿＿＿万元）÷拟购买资产交易作价。

经审计＿＿＿应进行现金补偿的，＿＿＿股份公司以书面方式通知＿＿＿应补偿的现金金额，＿＿＿收到通知后＿＿＿日内一次性支付完毕。

（八）过渡期损益

过渡期内＿＿＿期间损益的归属为：＿＿＿的收益归＿＿＿股份公司享有，过渡期的亏损由＿＿＿在交割完成后一个月内向＿＿＿股份公司以货币方式一次性补足。

（九）生效条件

协议经下列全部条件的成就之日起生效：

①＿＿＿股份公司董事会、股东大会作出批准本次重组相关议案的决议。

②＿＿＿作出同意本次重组的股东决定。

③全国中小企业股份转让系统经审查同意本次重组。

经本所律师审核，《发行股份购买资产协议》的内容为重组各方的真实意思表示，符合相关法律、法规、规范性文件的规定，在约定的生效条件满足后对重组各方具有法律效力。

四、本次重组的批准与授权

（一）已取得的授权与批准

1. ＿＿＿股份公司的授权与批准

＿＿＿年＿＿月＿＿日，＿＿＿股份公司召开＿＿＿届董事会会议，会议审议通过了如下议案：

（1）《关于公司发行股份及支付现金购买资产暨重大资产重组的议案》。

（2）《关于本次重组符合〈非上市公众公司重大资产重组管理办法〉第三条规定的议案》。

（3）《关于公司发行股份及支付现金购买资产是否涉及关联交易的议案》。

（4）《关于〈＿＿＿股份有限公司重大资产重组报告书〉的议案》。

（5）《关于本次重组有关〈审计报告〉和〈资产评估报告〉的议案》。

（6）《关于签订〈＿＿＿股份有限公司发行股份及支付现金购买资产协议书〉的议案》。

（7）《关于修改公司章程的议案》。

（8）《关于提请股东大会授权董事会全权办理本次发行股份及支付现金购买资产暨重大资产重组有关事宜的议案》。

（9）《关于召开＿＿＿年第＿＿＿次临时股东大会会议的议案》。

2. 交易对方的授权与批准（自然人）

＿＿＿为具有完全民事行为能力的自然人，已经获得其配偶书面的《知情同意书》，无须获得特别的批准与授权。

3. ＿＿＿的授权与批准

＿＿＿年＿＿月＿＿日，＿＿＿作出决定，同意将其所持有的＿＿＿的股权转让给＿＿＿股份公司。

（二）本次重组尚待取得的批准与备案

经核查，截至本法律意见书出具之日，本次重组尚需履行以下批准与备案：

1. ＿＿＿股份公司股东大会审议通过本次重组的相关议案。

2. 本次重组尚需经全国中小企业股份转让系统审查同意。

综上所述，本所律师认为，除上述尚需取得的批准与备案外，本次重组已经履行了相应的批准和授权程序，合法、有效。

五、本次重组标的资产的基本情况本次重组的标的资产为＿＿＿持有的＿＿＿的股权。

（一）＿＿＿情况

1. ＿＿＿的基本情况

根据＿＿＿工商局＿＿＿年＿＿＿月＿＿＿日核发的《营业执照》《公司章程》等资料及本所律师在全国企业信用信息公示系统查询，＿＿＿基本情况如下：

名称：

住所：

法定代表人：

注册资本：

成立日期：

营业期限：

经营范围：

2. ＿＿＿的股本演变

根据＿＿＿的工商档案等材料，＿＿＿股本演变情况如下：

经核查，本所律师认为，＿＿＿系依法设立并有效存续的＿＿＿，历次股本形成及变动真实、有效，不存在依法或依公司章程需要终止的情形。

（二）＿＿＿是否存在质押等权利限制情形

根据＿＿＿出具的承诺并经本所律师核查，＿＿＿持有的＿＿＿股权不存在质押、查封、冻结或其他权利受到限制的情况。

本所律师认为，本次重组的标的资产权属状况清晰、确定，不存在质押、查封、冻结或其他权利受到限制的情况，不存在纠纷或潜在纠纷的情形。

（三）＿＿＿的主要资产

根据＿＿＿提供的材料，截至本法律意见书出具之日，＿＿＿拥有或使用的主要资产情况如下：

房屋使用权

（四）业务

1. 主营业务

经核查，＿＿＿主营业务＿＿＿。

2. 经营资质

（五）税务

（六）重大诉讼、仲裁和行政处罚

根据＿＿＿的说明，并经本所律师通过最高人民法院被执行人信息查询网站（http：//www. court. gov. cn）、最高人民法院中国裁判文书网（http：//www. court. gov. cn/zgcpwsw）和其他公开网站查询，截至本法律意见书出具日，

_____不存在尚未了结或可预见的重大诉讼、仲裁或行政处罚。

综上所述，本所律师认为，_____依法设立并有效存续，不存在法律、法规、规范性文件及公司章程规定的应当终止之情形；历次股权变动已经履行了必要的登记/备案手续，股东持有_____的股权权属清晰；_____主要资产权属清晰，合法合规经营，不存在重大诉讼、仲裁或行政处罚。

六、本次重组的实质条件

（一）本次重组所涉及的资产定价公允，不存在损害公众公司和股东合法权益的情形。

根据《重大资产重组报告书》，_____股份公司本次拟购买的标的资产的价格在资产评估报告所确定的评估值基础上由本次重组各方协商确定。

根据资产评估报告，截至评估基准日，_____股东全部权益经评估价值为_____万元。参考资产评估报告的评估结果，经交易双方协商确定_____股权交易价格为_____万元。

本所律师认为，本次重组标的资产的定价公允，不存在损害_____股份公司及其股东合法权益的情形，符合《非上市公众公司重大资产重组管理办法》第三条第（一）款的规定。

（二）本次重组所涉及的资产权属清晰，资产过户或者转移不存在法律障碍，相关债权债务处理合法，所购买的资产为权属清晰的经营性资产。

本次重组所涉及的标的资产为_____持有的_____的股权，属于经营性资产；本次重组不涉及债权债务处理。

本所律师认为，标的资产权属清晰，相关债权债务处理合法，资产过户或权属转移不存在法律障碍，符合《非上市公众公司重大资产重组管理办法》第三条第（二）款的规定。

（三）本次重组有利于提高公众公司资产质量和增强持续经营能力，不存在可能导致公众公司重组后主要资产为现金或者无具体经营业务的情形。

根据本次收购的_____营业执照、《审计报告》、重大业务合同等材料，_____主营业务为_____。根据《重大资产重组报告书》，本次重组将进一步稳固_____股份在_____优势竞争地位，有利于提升_____股份公司的技术研发和服务能力。

本所律师认为，本次重组完成后，_____将成为_____股份公司的_____，有利于增强_____股份的持续经营能力，不存在可能导致_____股份公司交易后主要资产为现金或者无具体经营业务的情形，符合《非上市公众公司重大资产重组管理办法》第三条第（三）款的规定。

（四）本次重组有利于公众公司形成或者保持健全有效的法人治理结构

根据_____股份公司截至_____年_____月_____日的《证券持有人名册》，_____股份公司的实际控制人_____持有公司_____万股，预计本次重组完成后_____股份公司总股本变更为_____万股，_____的持股比例降低为_____%。

此外，____股份公司已按照《中华人民共和国公司法》《中华人民共和国证券法》《非上市公众公司重大资产重组管理办法》等法律、法规及规范性文件的规定，设置了股东大会、董事会、监事会等内部组织机构并制定股东大会议事规则、董事会议事规则、监事会议事规则等治理制度，从制度上保证股东大会、董事会和监事会的规范运作和依法行使职责。本次重组完成后，交易对方成为____股份公司的股东，其将根据公司章程、股东大会议事规则等内部规章制度行使股东权利，承担股东义务。本次重组不会对____股份公司法人治理结构的健全有效产生不利影响。

本所律师认为，本次重组完成后，____股份公司将继续保持其健全有效的法人治理结构，符合《非上市公众公司重大资产重组管理办法》第三条第（四）款的规定。

综上所述，本所律师认为，本次重组符合现行法律、法规及《非上市公众公司重大资产重组管理办法》第三条和相关规范性文件规定的原则和条件。

七、本次重组涉及的主要债权债务处理

本次重组完成后，____将成为____股份公司的____，仍为独立存续的法人主体，其全部债权债务仍由其享有或承担。故本次重组不涉及债权债务的转移。

本所律师认为，本次重组完成后，各自原有债权债务的主体不发生变化，对本次重组不构成法律障碍。

八、本次重组涉及的关联交易及同业竞争

（一）根据交易各方提供的材料及本所律师核查，交易对方与____股份公司无关联关系。因此，本次重组不属于关联交易。

（二）根据交易对方出具的说明及本所律师核查，交易对方____目前持有____%的股权，该公司部分业务与____重叠。本次重组完成后，____如果继续开展原有业务，将产生与____股份公司、____的同业竞争。

根据《发行股份购买资产协议》，为避免本次重组完成后产生同业竞争，交易对方承诺____在____年____月____日前启动税务清算，最迟在____年____月____日前工商注销完毕。在协议签署后，____应停止承接任何新业务。

本所律师认为，交易各方上述协议安排在得到有效执行后，可以避免同业竞争。

九、本次重组所涉及的信息披露

根据____股份公司提供的文件及本所律师核查，截至本法律意见书出具日，____股份公司就本次重组已经履行的信息披露情况如下：

1.____年____月____日，____股份公司在全国中小企业股份转让系统网站披露了《关于重大资产重组暂停转让公告》，公司股票自____年____月____日开市时起暂停转让。

2.____年____月____日，____股份公司在全国股份转让系统网站披露了

《关于重大资产重组进展情况的公告》，说明自股票暂停转让以来，公司及各个部门积极推进重组工作。

3. ____年____月____日，____股份公司召开第____届董事会第____次会议对本次重组事项进行了审议并通过了本次重组的相关议案，此次董事会决议将与本次重组的《重组报告书》《独立财务顾问报告》《法律意见书》以及重组涉及的审计报告、资产评估报告等相关文件在全国中小企业股份转让系统的网站披露，并拟将相关议案提交____年第____次临时股东大会审议。

十、本次重组涉及的各服务机构及其业务资格

（一）独立财务顾问

____股份公司聘请____证券担任本次重组的财务顾问。

根据____证券的《营业执照》和《经营证券业务许可证》，____证券具备为本次重组提供财务顾问服务的资格。

（二）审计机构

____股份公司聘请____会计师事务所担任本次重组的审计机构。

根据____会计师事务所的《营业执照》《会计师事务所执业证书》《会计师事务所证券、期货相关业务许可证》，____会计师事务所具备为本次重组提供审计服务的资格。

（三）资产评估机构

____股份公司聘请____评估公司担任本次重组的评估机构。

根据____评估公司的《营业执照》《资产评估资格证书》和《证券期货相关业务评估资格证书》，____评估公司具备为本次重组提供评估服务的资格。

（四）法律顾问

____股份公司聘请本所担任本次重组的专项法律顾问。

本所现持有____市司法局核发的《律师事务所执业许可证》，具备为____股份公司本次重组出具法律意见的资格。

十一、结论意见

本所律师认为，本次重组符合《非上市公众公司重大资产重组管理办法》等相关法律、法规、规章和规范性文件的规定，不存在重大法律障碍或其他可能对本次重组构成不利影响的重大法律问题和风险，其实施不存在实质性法律障碍。

本法律意见书一式____份，具有同等法律效力。

（以下无正文，下接签署页）

第三节 企业收购

新三板挂牌公司收购，按照《非上市公众公司收购管理办法》（以下简称《收购管理办法》）第五条的定义，是指收购人以取得股份的方式成为公司的控股股东或者通过投资关系、协议、其他安排的途径成为实际控制人，或者同时通过前述合法途径取得挂牌公司控制权的行为。

一、取得控股权的形式、要求

1. 取得挂牌公司控制权的认定

根据《信息披露细则》第四十八条第七款的规定，"控制"指有权决定一个公司的财务和经营政策，并能据以从该公司的经营活动中获取利益。有下列情形之一的，为拥有挂牌公司控制权：

（1）投资者为挂牌公司持股50%以上的控股股东。

（2）投资者可以实际支配挂牌公司股份表决权超过30%。

（3）投资者通过实际支配挂牌公司股份表决权能够决定公司董事会半数以上成员选任。

（4）投资者依其可实际支配的挂牌公司股份表决权足以对公司股东大会的决议产生重大影响。

（5）中国证监会认定的其他情形。

2. 禁止收购人进行收购的情形

《收购管理办法》第六条规定：进行公众公司收购，收购人及其实际控制人应当具有良好的诚信记录，收购人及其实际控制人为法人的，应当具有健全的公司治理机制。任何人不得利用公众公司收购损害被收购公司及其股东的合法权益。

有下列情形之一的，不得收购公众公司：

（1）收购人负有数额较大债务，到期未清偿，且处于持续状态。

（2）收购人最近两年有重大违法行为或者涉嫌有重大违法行为。

（3）收购人最近两年有严重的证券市场失信行为。

（4）收购人为自然人的，存在《公司法》第一百四十六条规定的情形。

（5）法律、行政法规规定以及中国证监会认定的不得收购公众公司的其他情形。

3. 交易限制

《收购管理办法》第十八条规定：进行公众公司收购后，收购人成为公司第一大股东或者实际控制人的，收购人持有的被收购公司股份，在收购完成后 12 个月内不得转让。

收购人在被收购公司中拥有权益的股份在同一实际控制人控制的不同主体之间进行转让不受前述 12 个月的限制。

4. 对被收购公司控股股东、实际控制人及其关联方要求

《收购管理办法》第七条规定：被收购公司的控股股东或者实际控制人不得滥用股东权利损害被收购公司或者其他股东的合法权益。

被收购公司的控股股东、实际控制人及其关联方有损害被收购公司及其他股东合法权益的，上述控股股东、实际控制人在转让被收购公司控制权之前，应当主动消除损害；未能消除损害的，应当就其出让相关股份所得收入用于消除全部损害做出安排，对不足以消除损害的部分应当提供充分有效的履约担保或安排，并提交被收购公司股东大会审议通过，被收购公司的控股股东、实际控制人及其关联方应当回避表决。

5. 被收购公司的董事、监事、高级管理人员的要求

《收购管理办法》第八条规定：被收购公司的董事、监事、高级管理人员对公司负有忠实义务和勤勉义务，应当公平对待收购本公司的所有收购人。

被收购公司董事会针对收购所作出的决策及采取的措施，应当有利于维护公司及其股东的利益，不得滥用职权对收购设置不适当的障碍，不得利用公司资源向收购人提供任何形式的财务资助。

二、公司收购的信息披露

《收购管理办法》第十条规定，公众公司的收购及相关股份权益变动活动中的信息披露义务人，应当依法严格履行信息披露和其他法定义务，并保证所披露的信息及时、真实、准确、完整，不得有虚假记载、误导性陈述或者重大遗漏。

信息披露义务人应当在指定网站依法披露信息；在其他媒体上进行披露的，披露内容应当一致，披露时间不得早于指定网站的披露时间。在相关信息披露前，信息披露义务人及知悉相关信息的人员负有保密义务，禁止利用该信息进行内幕交易和从事证券市场操纵行为。

信息披露义务人依法披露前，相关信息已在媒体上传播或者公司股票转让出现异常的，公众公司应当立即向当事人进行查询，当事人应当及时予以书面答复，公众公司应当及时披露。

1. 一般权益披露

《收购管理办法》第十三条规定：有下列情形之一的，投资者及其一致行动人应当在该事实发生之日起 2 日内编制并披露权益变动报告书，报送全国股转系统，同时通知该公众公司；自该事实发生之日起至披露后 2 日内，不得再行买卖该公众公司的股票。

（1）通过全国股转系统的做市方式、竞价方式进行证券转让，投资者及其一致行动人拥有权益的股份达到公众公司已发行股份的 10%。

（2）通过协议方式，投资者及其一致行动人在公众公司中拥有权益的股份拟达到或者超过公众公司已发行股份的 10%。

（3）投资者及其一致行动人拥有权益的股份达到公众公司已发行股份的 10% 后，其拥有权益的股份占该公众公司已发行股份的比例每增加或者减少 5%（即其拥有权益的股份每达到 5% 的整数倍时），应当依照前款规定进行披露。

（4）自该事实发生之日起至披露后 2 日内，不得再行买卖该公众公司的股票。

2. 特别权益披露

（1）《收购管理办法》第十四条规定：投资者及其一致行动人通过行政划转或者变更、执行法院裁定、继承、赠予等方式导致其直接拥有权益的股份变动达到前条规定比例的，应当按照前条规定履行披露义务。

投资者虽不是公众公司的股东，但通过投资关系、协议、其他安排等方式进行收购导致其间接拥有权益的股份变动达到前条规定比例的，应当按照前条规定履行披露义务。

（2）《收购管理办法》第十五条规定：因公众公司向其他投资者发行股份、减少股本导致投资者及其一致行动人拥有权益的股份变动出现本章规定情形的，投资者及其一致行动人免于履行披露义务。公众公司应当自完成增加股本、减少股本的变更登记之日起 2 日内，就因此导致的公司股东拥有权益的股份变动情况进行披露。

3. 控制权变动披露

（1）《收购管理办法》第十六条规定：通过全国股转系统的证券转让，投资者及其一致行动人拥有权益的股份变动导致其成为公众公司第一大股东或者实际控制人，或者通过投资关系、协议转让、行政划转或者变更、执行法院裁定、继承、赠予、其他安排等方式拥有权益的股份变动导致其成为或拟成为公众公司第一大股东或者实际控制人且拥有权益的股份超过公众公司已发行股份 10% 的，应当在该事实发生之日起 2 日内编制收购报告书，连同财务顾问专业意见和律师出具的法律意见书一并披露，报送全国股转系统公司，同时通知该公众公司。

收购公众公司股份需要取得国家相关部门批准的，收购人应当在收购报告书中进行明确说明，并持续披露批准程序进展情况。

（2）《收购管理办法》第二十条规定：公众公司控股股东、实际控制人向收购人协议转让其所持有的公众公司股份的，应当对收购人的主体资格、诚信情况及收购意图进行调查，并在其权益变动报告书中披露有关调查情况。

被收购公司控股股东、实际控制人及其关联方未清偿其对公司的负债，未解除公司为其负债提供的担保，或者存在损害公司利益的其他情形的，被收购公司董事会应当对前述情形及时披露，并采取有效措施维护公司利益。

三、要约收购

1. 要约收购的方式

（1）《收购管理办法》第二十一条规定：投资者自愿选择以要约方式收购公众公司股份的，可以向被收购公司所有股东发出收购其所持有的全部股份的要约（以下简称"全面要约"），也可以向被收购公司所有股东发出收购其所持有的部分股份的要约（以下简称"部分要约"）。

（2）《收购管理办法》第二十二条规定：收购人自愿以要约方式收购公众公司股份的，其预定收购的股份比例不得低于该公众公司已发行股份的5%。

（3）《收购管理办法》第二十三条规定：公众公司应当在公司章程中约定在公司被收购时收购人是否需要向公司全体股东发出全面要约收购，并明确全面要约收购的触发条件以及相应制度安排。

收购人根据被收购公司章程规定需要向公司全体股东发出全面要约收购的，对同一种类股票的要约价格，不得低于要约收购报告书披露日前6个月内取得该种股票所支付的最高价格。

（4）《收购管理办法》第二十四条规定：以要约方式进行公众公司收购的，收购人应当公平对待被收购公司的所有股东。

2. 要约收购的支付价款方式

《收购管理办法》第二十六条规定：收购人可以采用现金、证券、现金与证券相结合等合法方式支付收购公众公司的价款。收购人聘请的财务顾问应当说明收购人具备要约收购的能力。收购人应当在披露要约收购报告书的同时，提供以下至少一项安排保证其具备履约能力：

（1）将不少于收购价款总额的20%作为履约保证金存入中国结算指定的银行等金融机构；收购人以在中国结算登记的证券支付收购价款的，在披露要约收购报告书的同时，将用于支付的全部证券向中国结算申请办理权属变更或锁定。

（2）银行等金融机构对于要约收购所需价款出具的保函。

（3）财务顾问出具承担连带担保责任的书面承诺。如要约期满，收购人不支付收购价款，财务顾问应当承担连带责任，并进行支付。

（4）收购人以证券支付收购价款的，应当披露该证券的发行人最近两年经审计的财务会计报表、证券估值报告，并配合被收购公司或其聘请的独立财务顾问的尽职调查工作。

（5）收购人以未在中国结算登记的证券支付收购价款的，必须同时提供现金方式供被收购公司的股东选择，并详细披露相关证券的保管、送达被收购公司股东的方式和程序安排。

3. 要约收购的期限

《收购管理办法》第二十八条规定：

（1）收购要约约定的收购期限不得少于 30 日，并不得超过 60 日；但是出现竞争要约的除外。

（2）收购期限自要约收购报告书披露之日起开始计算。要约收购需要取得国家相关部门批准的，收购人应将取得的本次收购的批准情况连同律师出具的专项核查意见一并在取得全部批准后 2 日内披露，收购期限自披露之日起开始计算。

（3）在收购要约约定的承诺期限内，收购人不得撤销其收购要约。

4. 要约收购的限制条件

（1）《收购管理办法》第二十九条规定：采取要约收购方式的，收购人披露后至收购期限届满前，不得卖出被收购公司的股票，也不得采取要约规定以外的形式和超出要约的条件买入被收购公司的股票。

（2）《收购管理办法》第三十条规定：收购人需要变更收购要约的，应当重新编制并披露要约收购报告书，报送全国股转系统，同时通知被收购公司。变更后的要约收购价格不得低于变更前的要约收购价格。

收购要约期限届满前 15 日内，收购人不得变更收购要约；但是出现竞争要约的除外。

出现竞争要约时，发出初始要约的收购人变更收购要约距初始要约收购期限届满不足 15 日的，应当延长收购期限，延长后的要约期应当不少于 15 日，不得超过最后一个竞争要约的期满日，并按规定比例追加履约保证能力。

发出竞争要约的收购人最迟不得晚于初始要约收购期限届满前 15 日披露要约收购报告书，并应当根据本办法的规定履行披露义务。

（3）《收购管理办法》第三十一条规定：在要约收购期间，被收购公司董事不得辞职。

第三十二条规定：同意接受收购要约的股东（以下简称"预受股东"），应当委托证券公司办理预受要约的相关手续。

在要约收购期限届满前 2 日内，预受股东不得撤回其对要约的接受。在要约收购期限内，收购人应当每日披露已预受收购要约的股份数量。

在要约收购期限届满后 2 日内，收购人应当披露本次要约收购的结果。

（4）《收购管理办法》第三十三条规定：收购期限届满，发出部分要约的收购人应当按照收购要约约定的条件购买被收购公司股东预受的股份，预受要约股份的数量超过预定收购数量时，收购人应当按照同等比例收购预受要约的股份；发出全面要约的收购人应当购买被收购公司股东预受的全部股份。

5. 要约收购的程序

（1）披露要约收购的相关文件。

《收购管理办法》第二十五条规定：以要约方式收购公众公司股份的，收购人应当聘请财务顾问，并编制要约收购报告书，连同财务顾问专业意见和律师出具的法律意见书一并披露，报送全国股转系统公司，同时通知该公众公司。

要约收购需要取得国家相关部门批准的，收购人应当在要约收购报告书中进行明确说明，并持续披露批准程序进展情况。

（2）对收购人进行收购调查。

《收购管理办法》第二十七条规定：被收购公司董事会应当对收购人的主体资格、资信情况及收购意图进行调查，对要约条件进行分析，对股东是否接受要约提出建议，并可以根据自身情况选择是否聘请独立财务顾问提供专业意见。

附录：

一、权益变动报告书模板

（一）权益变动报告书的内容要求

根据《非上市公众公司信息披露内容与格式准则第 5 号——权益变动报告书、收购报告书和要约收购报告书》的要求，权益变动报告书的内容应符合以下要求：

（1）信息披露义务人应当按照《收购管理办法》及本准则的规定计算并披露其持有、控制公众公司股份的详细名称、种类、数量、占公众公司已发行股份的比例、所持股份性质及性质变动情况，股东持股变动达到规定比例的日期及权益变动方式。

（2）信息披露义务人应披露权益变动涉及的相关协议、行政划转或变更、法院裁定等文件的主要内容。

（3）信息披露义务人为多人的，还应当分别披露各信息披露义务人在公众公司中拥有权益的股份详细名称、种类、数量、占公众公司已发行股份的比例。

（4）信息披露义务人持有表决权未恢复的优先股的，还应当披露持有数量和比例。

（5）收购人为法人或者其他组织的，还应当披露其做出本次收购决定所履行的相关程序及具体时间。

（6）公众公司控股股东向收购人协议转让其所持有的公司股份，导致其丧失控股股东地位的，应当在其权益变动报告书中披露对收购人的主体资格、诚信情况及收购意图的调查情况。

（7）公众公司的控股股东、实际控制人及其关联方未清偿其对公司的负债，未解除公司为其负债提供的担保，或者存在损害公司利益的其他情形的，公众公司的控股股东、实际控制人应当披露前述情形及消除损害的情况；未能消除损害的，应当披露其出让相关股份所得收入用于消除全部损害的安排。

（二）权益变动报告书

____股份有限公司
权益变动报告书（参考模板）

公司名称：

挂牌地点：全国中小企业股份转让系统

股票简称：

股票代码：

信息披露义务人：

住所：

股份变动性质：

签署日期：

信息披露义务人声明

目录
第一节 释义
第二节 信息披露义务人介绍
第三节 增加持股目的
第四节 权益变动方式
第五节 权益变动的主要内容
第六节 其他重大事项
第七节 备查文件
附表：权益变动报告书

权益变动报告书（正文）

第一节 释义
一、基本情况
二、信息披露义务人持股情况

三、本次权益变动（无）须取得国家相关部门的批准

第二节　信息披露义务人介绍

第三节　增加持股目的

第四节　权益变动方式

一、本次权益变动的基本情况

二、信息披露义务人持股变动情况

第五节　权益变动的主要内容

第六节　其他重大事项

一、其他应披露的事项

二、信息披露义务人声明

第七节　备查文件

一、备查文件

二、备查文件置备地点

信息披露义务人：＿＿＿＿＿＿＿＿＿（签字）

＿＿＿＿＿＿＿＿股份有限公司董事会

年　　月　　日

二、收购报告书

（一）收购报告书的内容要求

根据《非上市公众公司信息披露内容与格式准则第5号——权益变动报告书、收购报告书和要约收购报告书》的要求，收购报告书的内容应符合以下要求：

1. 收购人为法人或者其他组织的，应当披露其控股股东、实际控制人的有关情况，并以方框图或者其他有效方式，全面披露与控股股东、实际控制人之间的股权控制关系，实际控制人原则上应披露到自然人、国有资产管理部门或者股东之间达成某种协议或安排的其他机构；控股股东、实际控制人所控制的核心企业和核心业务情况；收购人最近2年受到行政处罚（与证券市场明显无关的除外）刑事处罚或者涉及与经济纠纷有关的重大民事诉讼或者仲裁；收购人董事、监事、高级管理人员（或者主要负责人）的姓名、最近2年受到行政处罚（与证券市场明显无关的除外）刑事处罚或者涉及与经济纠纷有关的重大民事诉讼或者仲裁。

2. 收购人是自然人的，应当披露其所控制的核心企业和核心业务、关联企业及主要业务的情况说明；最近2年受到行政处罚（与证券市场明显无关的除

外）、刑事处罚或者涉及与经济纠纷有关的重大民事诉讼或者仲裁。

3. 收购人应披露是否具备收购人资格并作出相应的承诺。

4. 收购人应当披露其为持有、控制公众公司股份所支付的资金总额、资金来源及支付方式等情况。

5. 收购人应当披露各成员以及各自的董事、监事、高级管理人员（或者主要负责人）在收购事实发生之日起前6个月内买卖该公众公司股票的情况。

6. 收购人应当披露各成员及其关联方以及各自的董事、监事、高级管理人员（或者主要负责人）在报告日前24个月内，与该公众公司发生的交易。

7. 收购人为法人或者其他组织的，收购人应当披露其最近2年的财务会计报表，注明是否经审计及审计意见的主要内容；其中，最近1个会计年度财务会计报表应经具有证券、期货相关业务资格的会计师事务所审计，并注明审计意见的主要内容；会计师应当说明公司前2年所采用的会计制度及主要会计政策与最近1年是否一致，如不一致，应做出相应的调整。

8. 如果该法人或其他组织成立不足1年或者是专为本次公众公司收购而设立的，则应当比照前述规定披露其实际控制人或者控股公司的财务资料。

9. 收购人是上市公司或者公众公司的，可以免于披露最近2年的财务会计报表，但应当说明刊登其年度报告的网站地址及时间。

10. 收购人应当披露本次收购的目的、后续计划，包括未来12个月内有无对公众公司主要业务、管理层、组织结构等方面的调整、公司章程修改、资产处置或员工聘用等方面的计划。

11. 收购人应充分披露收购完成后对公众公司的影响和风险，并披露收购人及其关联方是否与公众公司从事相同、相似业务的情况。对存在相同、相似业务的，收购人应对是否存在同业竞争作出合理解释。

12. 收购人应当披露所作公开承诺事项及未能履行承诺事项时的约束措施。

13. 收购人应当列明参与本次收购的各专业机构名称，说明各专业机构与收购人、被收购公司以及本次收购行为之间是否存在关联关系及其具体情况。

14. 收购人聘请的财务顾问就本次收购出具的财务顾问报告，应当对以下事项进行说明和分析，并逐项发表明确意见：

（1）收购人编制的收购报告书所披露的内容是否真实、准确、完整。

（2）本次收购的目的。

（3）收购人是否提供所有必备证明文件，根据核查情况，说明收购人是否具备主体资格，是否具备收购的经济实力，是否具备规范运作公众公司的管理能力，是否需要承担其他附加义务及是否具备履行相关义务的能力，是否存在不良诚信记录。

（4）对收购人进行证券市场规范化运作辅导的情况，其董事、监事和高级管理人员是否已经熟悉有关法律、行政法规和中国证监会的规定，充分了解应承担的义务和责任，督促其依法履行信息披露和其他法定义务的情况。

（5）收购人的股权控制结构及其控股股东、实际控制人支配收购人的方式。

（6）收购人的收购资金来源及其合法性，是否存在利用本次收购的股份向银行等金融机构质押取得融资的情形。

（7）涉及收购人以证券支付收购价款的，应当说明有关该证券发行人的信息披露是否真实、准确、完整以及该证券交易的便捷性等情况。

（8）收购人是否已经履行了必要的授权和批准程序。

（9）是否已对收购过渡期内保持公众公司稳定经营作出安排，该安排是否符合有关规定。

（10）对收购人提出的后续计划进行分析，说明本次收购对公众公司经营和持续发展可能产生的影响。

（11）在收购标的上是否设定其他权利，是否在收购价款之外还作出其他补偿安排。

（12）收购人及其关联方与被收购公司之间是否存在业务往来，收购人与被收购公司的董事、监事、高级管理人员是否就其未来任职安排达成某种协议或者默契。

（13）公众公司原控股股东、实际控制人及其关联方是否存在未清偿对公司的负债、未解除公司为其负债提供的担保或者损害公司利益的其他情形；存在上述情形的，是否已提出切实可行的解决方案。

15．财务顾问及其法定代表人或授权代表人、财务顾问主办人应当在收购报告书上签字、盖章、签注日期，并载明以下声明：

"本人及本人所代表的机构已履行勤勉尽责义务，对收购报告书的内容进行了核查和验证，未发现虚假记载、误导性陈述或者重大遗漏，并对此承担相应的责任。"

16．公众公司聘请的律师应当按照本准则及有关业务准则的规定出具法律意见书，并对照中国证监会的各项规定，在充分核查验证的基础上，就公众公司收购的法律问题和事项发表明确的结论性意见。

收购人聘请的律师及其所就职的律师事务所应当在收购报告书上签字、盖章、签注日期，并载明以下声明：

"本人及本人所代表的机构已按照执业规则规定的工作程序履行勤勉尽责义务，对收购报告书的内容进行核查和验证，未发现虚假记载、误导性陈述或者重大遗漏，并对此承担相应的责任。"

（二）收购报告书

收购报告书（参考模板）

目录

正文

释义

略。

第一节　收购人介绍

一、收购人的基本情况

二、收购人所控制的核心企业和核心业务、关联企业及主要业务情况

三、收购人在最近两年所受处罚及涉讼情况

根据收购人做出的声明及《个人征信报告》：收购人最近两年不存在行政处罚、刑事犯罪记录，亦不存在尚未了结或可预见的重大诉讼、仲裁或行政处罚案。

四、收购人的资格

截至本报告书签署日，根据收购人提供的《个人征信报告》，收购人具有良好的诚信记录，不存在利用公司收购损害被收购公司及其股东合法权益的情况。收购人承诺不存在《非上市公众公司收购管理办法》（以下简称《收购管理办法》）第六条规定的不得收购非上市公众公司的情形：

1. 收购人负有数额较大债务，到期未清偿，且处于持续状态。

2. 收购人最近两年有重大违法行为或者涉嫌有重大违法行为。

3. 收购人最近两年有严重的证券市场失信行为。

4. 存在《公司法》第一百四十六条规定的情形。

5. 法律、行政法规规定以及中国证监会认定的不得收购公众公司的其他情形。

因此，收购人不存在《收购管理办法》第六条规定的情形及法律法规禁止收购公众公司的情形，具备收购公众公司的主体资格。

第二节　本次收购的基本情况

一、收购人本次收购前后权益变动情况

本次收购前，____持有公司____股，占公司股权比例的____%，为公司的控股股东。____持有____%的股权，系____的控股股东，为____的实际控制人。

本次收购前，____股本结构情况如下：

____年____月____日，____与____签订《股权转让协议》，约定由____以人民币____万元向____转让其所持有的____%的股权。本次股权转让完成后，____持有____%的股权。

本次收购完成后，____的股权结构未发生变化，____的控股股东变更为____。____的股权结构图如下：

本次收购完成后，收购人____将持有____%的股权，对应的出资额为____万元，其通过间接持股成为____的实际控制人。

二、本次收购涉及的相关协议及其主要内容

____年____月____日，收购人____与____控股股东____签署了《股权转让协议》，具体内容如下：

1. ____同意将其持有的____%股权转让给收购人____，转让价款为____万元。

2. 收购人____同意受让上述股权，并已知悉受让目标公司的经营、财务、合规和风险情况，自愿承担投资入股风险。

3. ____保证其转让给____的公司股权，是其合法拥有，未被司法机关冻结，无股权纠纷，无股权质押等。否则，由此引起的所有法律责任，由____承担。

4. ____承诺在协议签订后____日内对____及____办理相关变更登记等法律手续提供必要协作与配合。

5. 本协议正式签订后，任何一方不履行或不完全履行本协议约定条款的，即构成违约。违约方应当负责赔偿其违约行为给守约方造成的损失。任何一方违约时，守约方有权要求违约方继续履行本协议。

6. 凡因履行本协议所发生的或与本协议有关的一切争议双方应当通过友好协商解决，如协商不成，则通过人民法院诉讼解决。

三、本次收购资金总额、资金来源及支付方式情况

本次收购的转让价款总额为____万元人民币，支付方式为____支付。根据收购人出具的声明，本次收购资金全部来自收购人自有或自筹资金，不存在利用本次收购目标公司的股权向银行等金融机构质押取得融资的情形，也不存在直接或间接利用被收购公司资源获得任何形式财务资助的情况。

四、收购人及关联方在收购事实发生之日前6个月买卖____股票的情况

收购人及其控制的企业在本次收购事实发生日前6个月内，不存在买卖____股票的情况。

五、收购人及关联方在收购事实发生之日起前24个月内与远特科技的交易情况

本报告书签署日前24个月内，收购人及其关联方与____不存在任何关联交易。

六、本次收购决定所履行的程序及时间

本次收购及相关股权变动不涉及国家产业政策、行业准入、国有股份转让、外商投资等事项，无须国家相关部门批准。收购人有权自主决定进行本次收购。

第三节 本次收购的目的及后续计划

一、收购目的

二、后续计划

收购人在本次收购完成后的后续计划如下：

（一）对公司主要业务的调整计划

本次收购完成后，____的主营业务不会发生变化，收购人不会对____的主要业务进行调整。

（二）对公司管理层的调整计划

（三）对公司组织机构的调整计划

（四）对公司章程的修改计划

（五）对公司资产进行重大重组的计划

（六）对公司员工聘用作出调整的计划

第四节　本次收购对公司的影响分析

一、本次收购对公司的影响和风险

（一）____控制权变化

本次收购完成后，收购人将成为____的实际控制人。

本次收购实施前，____已按照法律法规的有关要求，建立了完善的法人治理结构，运作规范。本次收购完成后，____将进一步规范、完善公司法人治理结构，提升整体经营效率、提高盈利能力。收购人将严格遵循公司章程及相关规定，履行股东职责，不损害其他股东利益。

收购人承诺在成为____的实际控制人后，将遵守相关法律、法规、规章、规范性文件及《公司章程》的相关规定，依法行使股东权利，不利用实际控制人身份影响____的独立性，保持____在资产、人员、财务、机构和业务方面的完整性和独立性。

（二）对____财务状况、盈利能力的影响

二、收购人及其关联方与公司的关联交易及其规范措施

本报告书签署之日前24个月内，收购人及其关联方与____不存在任何交易。

收购人承诺，本次收购完成后收购人及其关联方将尽量减少并规范与____及其控股企业之间的关联交易。对于无法避免或有合理原因而发生的关联交易，收购人及其关联方将遵循市场公开、公平、公正的原则以公允、合理的市场价格进行，根据有关法律、法规及规范性文件的规定履行关联交易决策程序，依法履行信息披露义务和办理有关报批程序，不损害____的利益。

如有任何违反上述承诺的事项发生，收购方将承担因此给____造成的一切损失。

三、收购人及其关联方与公司的同业竞争及其规范措施

截至本报告书签署之日，收购人及其关联方未从事与____及其控制的其他企业等关联方存在同业竞争关系的业务。

收购人承诺，本次收购完成后收购人及关联方将不在中国境内外直接或间接从事或参与任何在商业上对____构成竞争的业务、活动，或拥有与____存在竞争关系的任何经济实体、机构的权益，或以其他任何形式取得该经营实体、机构的控制权。

若日后____进一步拓展其产品和业务范围，收购人及控制的其他企业将不与____拓展后的产品或业务相竞争；可能与____拓展后的产品或业务发生竞争的，收购人及控制的其他企业将按照如下方式退出竞争：

（1）停止生产构成竞争或可能构成竞争的产品；

（2）停止经营构成竞争或可能构成竞争的业务；

（3）将相竞争的业务纳入到公司来经营；

（4）将相竞争的业务转让给无关联的第三方。

如违反上述承诺，收购人将承担因此而给____及其控制的其他企业造成的一切损失。

第五节 收购人作出的公开承诺及约束措施

一、收购人作出的关于保证公司独立性的承诺

收购人作出的关于保证公司独立性的承诺具体参见本报告书"第四节 本次收购对公司的影响分析"之"一、本次收购对公司的影响和风险"的相关内容。

二、收购人作出的关于规范关联交易的承诺

三、收购人作出的关于规范同业竞争的承诺

四、收购人未能履行承诺时的约束措施

收购人保证严格履行上述承诺，如出现因收购人及关联方违反上述承诺而导致____及其股东的权益受到损害的情况，收购人将依法承担全部的赔偿责任。

第六节 其他重要事项

截至本报告书签署之日，收购人不存在与本次收购有关的其他重大事项和为避免对本报告书内容产生误解而必须披露的其他重要事项。

第七节 参与本次收购的相关中介机构

一、相关中介机构基本情况

（一）收购人财务顾问

（二）收购人法律顾问

（三）公众公司法律顾问

二、中介机构与收购人、被收购人及本次收购行为之间的关联关系

截至本报告书签署之日，参与本次收购的各专业机构与收购人、被收购人之间不存在关联关系。

收购人声明

本人承诺本报告书不存在虚假记载、误导性陈述或重大遗漏，并对其真实性、准确性、完整性承担个别和连带的法律责任。

声明人（签字）

财务顾问声明

本人及本人所代表的机构已履行勤勉尽资义务，对收购报告书的内容进行了核查和验证，未发现虚假记载、误导性陈述或者大遗漏，并对此承担相应的

责任。

　　　　　　　　　　　　　　　　　　　　财务顾问（签名）：

法律顾问声明

　　本人及本人所代表的机构已按照执业规则规定的工作程序履行勤勉尽责义务，对收购报告书的内容进行核查和验证，未发现虚假记载、误导性陈述或者重大遗漏，并对此承担相应的责任。

　　　　　　　　　　　　　　　　　　　　经办律师（签名）：

第八节　备查文件

一、备查文件目录

（一）收购人的身份证明文件

（二）与本次收购有关的《股权转让协议》

（三）收购人不存在《收购管理办法》第六条规定情况的说明及承诺

（四）法律意见书

（五）财务顾问报告

（六）中国证监会或者全国中小企业股份转让系统依法要求的其他备查文件。

二、查阅地点

上述备查文件已备置于＿＿＿。

第四节　挂牌公司的分层管理

　　全国股转系统对在新三板挂牌的公司设立创新层和基础层，目的是为了适应我国当前存在的多层资本市场的现状，通过分层的设置，为一些有发展潜力的新三板挂牌公司转板到主板做准备，并且建立起竞争机制，激发新三板市场的流动性，鼓励挂牌公司做大做强。

一、分层标准

1. 已挂牌公司可以进入创新层的条件

　　根据《全国中小企业股份转让系统挂牌公司分层管理办法（试行）》（以下简称《分层管理办法》）第六、七条规定：符合下列条件的挂牌公司可以进入创新层：

　　（1）最近两年连续盈利，且年平均净利润不少于2 000万元（以扣除非经常性损益前后孰低者为计算依据）；最近两年加权平均净资产收益率平均不低于10%（以扣除非经常性损益前后孰低者为计算依据）。

（2）最近两年营业收入连续增长，且年均复合增长率不低于 50%；最近两年营业收入平均不低于 4 000 万元；股本不少于 2 000 万股。

（3）最近有成交的 60 个做市转让日的平均市值不少于 6 亿元；最近一年年末股东权益不少于 5 000 万元；做市商家数不少于 6 家；合格投资者不少于 50 人。

（4）最近 12 个月完成过股票发行融资（包括申请挂牌同时发行股票），且融资额累计不低于 1 000 万元；或者最近 60 个可转让日实际成交天数占比不低于 50%。

公司治理健全，股东大会、董事会和监事会制度、对外投资管理制度、对外担保管理制度、关联交易管理制度、投资者关系管理制度、利润分配管理制度和承诺管理制度完备；公司设立董事会秘书并作为公司高级管理人员，董事会秘书取得全国股转系统董事会秘书资格证书。

2. 挂牌时直接进入创新层

根据《分层管理办法》第八、九条规定，符合下列条件的挂牌公司可以申请在挂牌时直接进入创新层：

（1）最近两年连续盈利，且年平均净利润不少于 2 000 万元（以扣除非经常性损益前后孰低者为计算依据）；最近两年加权平均净资产收益率平均不低于 10%（以扣除非经常性损益前后孰低者为计算依据）；申请挂牌同时发行股票，且融资额不低于 1 000 万元。

（2）最近两年营业收入连续增长，且年均复合增长率不低于 50%；最近两年营业收入平均不低于 4 000 万元；挂牌时股本不少于 2 000 万股。

（3）做市商家数不少于 6 家；申请挂牌同时发行股票，发行对象中包括不少于 6 家做市商，按发行价格计算的公司市值不少于 6 亿元，且融资额不低于 1 000 万元；最近一期期末股东权益不少于 5 000 万元。

（4）申请挂牌即采用做市转让方式。

（5）公司治理健全，股东大会、董事会和监事会制度；对外投资管理制度；对外担保管理制度；关联交易管理制度；投资者关系管理制度；利润分配管理制度和承诺管理制度完备；公司设立董事会秘书并作为公司高级管理人员，董事会秘书取得全国股转系统公司董事会秘书资格证书。

（6）最近 12 个月不存在以下情形：申请挂牌公司或其控股股东、实际控制人，现任董事、监事和高级管理人员被中国证监会及其派出机构采取行政监管措施或者被采取行政处罚，或者正在接受立案调查，尚未有明确结论意见。

（7）最近两年及一期的财务会计报告被会计师事务所出具标准无保留意见的审计报告；按照《分层管理办法》第八条第二项规定进入创新层的申请挂牌公司，最近三个会计年度的财务会计报告被会计师事务所出具标准无保留意见的审计报告。

二、创新层的维持标准

（1）《分层管理办法》第十一条规定：进入创新层的挂牌公司应当满足以下维持条件之一：①最近两年连续盈利，且年平均净利润不少于1 200万元（以扣除非经常性损益前后孰低者为计算依据）；最近两年加权平均净资产收益率平均不低于6%（以扣除非经常性损益前后孰低者为计算依据）。②最近两年营业收入连续增长，且年均复合增长率不低于30%；最近两年营业收入平均不低于4 000万元；股本不少于2 000万股。③最近有成交的60个做市转让日的平均市值不少于3.6亿元；最近一年年末股东权益不少于5 000万元；做市商家数不少于6家。

（2）《分层管理办法》第十二条规定：进入创新层的挂牌公司除满足第十一条规定的维持条件外，还应当满足以下条件：①合格投资者不少于50人。②最近60个可转让日实际成交天数占比不低于50%。

（3）公司治理符合第七条第二项的要求，且最近12个月不存在以下情形：①挂牌公司或其控股股东、实际控制人，现任董事、监事和高级管理人员因信息披露违规、公司治理违规、交易违规等行为被全国股转系统公司采取出具警示函、责令改正、限制证券账户交易等自律监管措施合计3次以上的，或者被全国股转公司等自律监管机构采取了纪律处分措施。②挂牌公司或其控股股东、实际控制人，现任董事、监事和高级管理人员因信息披露违规、公司治理违规、交易违规等行为被中国证监会及其派出机构采取行政监管措施或者被采取行政处罚，或者正在接受立案调查，尚未有明确结论意见。③挂牌公司或其控股股东、实际控制人，现任董事、监事和高级管理人员受到刑事处罚，或者正在接受司法机关的立案侦查，尚未有明确结论意见。

（4）按照全国股转系统公司的要求，在会计年度结束之日起4个月内编制并披露年度报告；最近三个会计年度的财务会计报告被会计师事务所出具标准无保留意见的审计报告。

（5）全国股转系统公司规定的其他条件。

三、层级划分和调整

（1）《分层管理办法》第十三条规定：全国股转系统公司根据分层标准及维持标准，于每年5月最后一个交易周的首个转让日调整挂牌公司所属层级（进入创新层不满6个月的挂牌公司不进行层级调整）。基础层的挂牌公司，符合创新层条件的，调整进入创新层；不符合创新层维持条件的挂牌公司，调整进入基础层。

　　全国股转系统公司可以根据分层管理的需要，适当提高或降低挂牌公司层级调整的频率。

　　（2）《分层管理办法》第十四条规定：全国股转系统公司正式调整挂牌公司层级前，在全国股转系统官网公示进入基础层和创新层的挂牌公司名单。挂牌公司对分层结果有异议或者自愿放弃进入创新层的，应当在 3 个转让日内提出。全国股转系统公司可视异议核实情况调整分层结果。

　　层级调整期间，挂牌公司出现本办法第七条第三项或者第十五条规定情形的，不得调整进入创新层。

　　（3）《分层管理办法》第十五条规定：创新层挂牌公司出现以下情形之一的，自该情形认定之日起 20 个转让日内直接调整至基础层：①挂牌公司因更正年报数据导致财务指标不符合创新层标准的。②挂牌公司被认定存在财务造假或者市场操纵等情形，导致挂牌公司不符合创新层标准的。③挂牌公司不符合创新层公司治理要求且持续时间达到 3 个月以上的。④全国股转系统公司认定的其他情形。